彩りを楽しむ

はじめての庭木・花木

小林隆行 著

日本文芸社

彩りを楽しむ
はじめての
庭木・花木

―― ●もくじ

本書で紹介するのは一部を除き、木本植物、いわゆる樹木です。草＝草本植物との厳密な区別はありませんが、地上部の茎が多年にわたって生き続ける植物といえます。

ニシキギなどの枝に出るコルク質の構造物を「翼」といいます。

■花の構造

「萼」は花の外側の部分で、花弁を保持している。「苞」は苞葉ともいい、芽やつぼみを保護する葉。樹種によっては、萼や苞が花弁の代わりになっているものもある。

花色・葉色別さくいん……6
本書の見方……10
はじめに……12

PART1
開花順で見る庭木図鑑

早春に咲く

あ
アカシア……14
アンズ／ウメ／スモモ……15
エリカ／カルーナ……17
オウバイ……18

ま
マンサクの仲間……19

ら
ロウバイの仲間……20

春に咲く

あ
アオキ……22
アセビ……23
アメリカイワナンテン……24
オウゴンガシワ……25

か
カイドウ（ハナカイドウ）……26
カエデ（モミジ）……26
カルミア……29
カレーバイン（ツリガネカズラ）……30

カロライナジャスミン……30
キブシ……31
ギンバイカ(マートル)……31
コデマリの仲間……32
コニファー類……34
コルクウィッチア(ショウキウツギ)……35

さ
ザイフリボク／ジューンベリー……36
サクラ……37
サンシュユ……40
シキミ……41
シャリンバイ……42
シロヤマブキ……43
ジンチョウゲの仲間……44
セアノサス……46
セイヨウサンザシ……47
セイヨウヒイラギ／ヒイラギモチ……48

た
チョイシア・テルナータ……49
ドウダンツツジの仲間……49
トベラ……51

な
ニワウメ／ニワザクラ／ユスラウメ……51
ニワトコ……53

は
ハイノキの仲間……54
ハナズオウ……55
ハナナシ(マメナシ)……56
ハナミズキ／ヤマボウシ……57
ハナモモ……59
ハンカチノキ……60
ヒイラギナンテン……61

ヒュウガミズキ／トサミズキ……62
フジ……63
ボケ／クサボケ……64
ボタン……65

ま
ミヤマシキミ……66
ムレスズメ……67
メギ……68

や
ヤナギ……69

ら
ライラック……70
リキュウバイ……71
リンゴ(クラブアップル)……72
レンギョウ……73

春から夏にかけて咲く

あ
アジサイの仲間……74
イボタノキ／ネズミモチ……77
ウツギの仲間……78
エゴノキの仲間……80
オガタマノキ／カラタネオガタマ……81
オリーブ……82

か
カナメモチ……83
カマツカ……84
カリン／マルメロ……84
キササゲ……86
ギョリュウバイ……87
キリ……88
キングサリ(キバナフジ)……89

クチナシ……90
コトネアスター……91
コバノズイナ……92
コンロンカ……92

さ
ザクロ……93
ジャカランダ……94
シャクナゲ(セイヨウシャクナゲ)……94
ジャスミンの仲間……96
スモークツリー……97

た
タニウツギ／ベニウツギ……98
チャンチン「フラミンゴ」……100
チユウキンレン……101
ツルウメモドキ……101
テイカカズラ……102
トチノキの仲間……103

な
ナツツバキ／ヒメシャラ……104
ナナカマド／ニワナナカマド……105
ナンテン……106
ニオイシュロラン／ニューサイラン……107
ニシキギの仲間……108
ネムノキ……109

は
バイカウツギ……110
ハクチョウゲ……111
ハリエンジュ(ニセアカシア)……111
ヒトツバタゴ……112
ビバーナムの仲間……113
ヒペリカム……116
ピラカンサ……117

ブラシノキ(カリステモン)……118
ブルーベリー……119

ま
マグノリアの仲間……120
ミズキ／サンゴミズキ……122
ムラサキシキブ／コムラサキ……123
モチノキの仲間……124

や
ヤマブキ……125
ユッカ(キミガヨラン)……126

主に夏に咲く

あ
エニシダの仲間……127
エンジュ……128

か
キョウチクトウ……129
キンロバイ／ギンロバイ……130
クサギの仲間……131

さ
サルスベリ……132
スイカズラ／ロニセラ……133
セイヨウスズランノキ(オキシデンドラム)……135
セイヨウニンジンボク……136

た
ダチュラ(エンジェルストランペット)……137
タニワタリノキ……137
デイゴ(デイコ)の仲間……138
トケイソウ／パッションフルーツ……139

な
ニオイバンマツリ……140
ノウゼンカズラの仲間……140

ノボタン／シコンノボタン……142
は
ブッドレア……143
フヨウ／ムクゲ……144
ま
マンリョウの仲間……145
ら
リョウブ……146

秋から冬に咲く
か
コバノセンナ(カッシアの仲間)……147
た
ツバキ／サザンカ……148
は
ハギ……150

花期が長い
あ
アベリア……151
か
ギョリュウ……152
グレビレア・ジョンエヴァンス……153
クレマチス……153
さ
サザンクロス(クロウェア)……154
ソラナムの仲間……155
た
ツツジ／サツキ……156
デュランタ……157
は
ハイビスカスの仲間……158

バラ……159
ブーゲンビリア(ブーゲンビレア)……162
フクシア(ホクシア)……163
ま
モクセイの仲間……164
ら
ラベンダー／ローズマリー……166
ランタナ……167
ルリマツリ(プルンバーゴ)……168

葉に趣がある庭木2種
ナンキンハゼ……168
ヤツデ……168

PART 2
四季の手入れの基礎知識

用意したい道具、あると便利な道具……170
よい苗木を入手するには……172
条件別・樹種の選び方……173
目的別・おすすめの樹種……174
庭の土壌改良と植えつけの基本……178
基本の仕立て方と用土・肥料……182
病害虫は予防と早めの駆除が大事……184
自分でふやすためのテクニック……186

知っておきたい基本の園芸用語……188
50音順さくいん……190

花色・葉色別さくいん

本書で紹介する花木の主なものを花色の系統別に分けて、それぞれ50音順に並べました（ほかの系統の花色がある場合は○印をつけています）。また、葉色や実の色からも好みの樹種を検索できます。

花色が ●〜● 赤系統

- アジサイ○〜● (P.74)
- アンズ／ウメ／スモモ○ (P.15)
- エリカ／カルーナ○ (P.17)
- オガタマノキ／カラタネオガタマ○ (P.81)
- カイドウ（ハナカイドウ） (P.26)
- カルミア○ (P.29)
- キョウチクトウ○● (P.129)
- ギョリュウバイ○ (P.87)
- サクラ○● (P.37)
- サルスベリ○ (P.132)
- スモークツリー○ (P.97)
- セイヨウシャクナゲ○● (P.94)
- タニウツギ／ベニウツギ○ (P.98)
- ツツジ／サツキ○● (P.156)
- ツバキ／サザンカ○ (P.147)
- デイゴ（デイコ）の仲間 (P.138)
- ネムノキ (P.109)
- ノウゼンカズラ● (P.140)
- ハイビスカス○● (P.158)
- ハギ○ (P.150)
- ハナズオウ○ (P.55)
- ハナミズキ／ヤマボウシ○ (P.57)
- ハナモモ○ (P.59)
- バラ○●●● (P.159)

デュランタ(P.157)	 ニオイバンマツリ(P.140)	ノボタン／シコンノボタン(P.142)	フジ○(P.63)	ブッドレア○(P.143)	
ライラック○(P.70)	 ルリマツリ(プルンバーゴ)(P.168)	花色が○／●白／緑	アセビ●〜●(P.23)	ウツギの仲間●(P.78)	
エゴノキの仲間●(P.80)	キササゲ●(P.86)	ギンバイカ(P.31)	クチナシ(P.90)	コデマリの仲間●(P.32)	
ザイフリボク／ジューンベリー●(P.36)	ジャスミンの仲間●(P.96)	シャリンバイ●(P.42)	シロヤマブキ(P.43)	ジンチョウゲ(P.44)	
 ドウダンツツジ●〜●(P.49)	トキワマンサク●(P.20)	トチノキ●(P.103)	 ナツツバキ／ヒメシャラ●(P.104)	  バイカウツギ(P.110)	
 ハイノキの仲間(P.54)	  ハンカチノキ(P.60)	ヒトツバタゴ(P.112)	 ビバーナムの仲間●(P.113)	リキュウバイ(P.71)	

カラーリーフ＆紅葉

アベリア (P.151)	 アメリカイワナンテン (P.24)	 イヌコリヤナギ (P.69)	 オウゴンガシワ (P.25)
 カエデ（モミジ） (P.26)	 カナメモチ (P.83)	 セイヨウスズランノキ（オキシデンドラム）(P.135)	  チャンチン「フラミンゴ」 (P.100)	ナンキンハゼ (P.168)
ニシキギ (P.108)	メギ (P.68)		  アオキ (P.22)	オリーブ (P.82)

果実＆実もの

カリン／マルメロ (P.84)	 クラブアップル (P.72)	 コトネアスター (P.91)	セイヨウヒイラギ／ヒイラギモチ (P.48)	 ツルウメモドキ (P.101)
 ナナカマド (P.105)	 ナンテン (P.106)	 ニワウメ／ユスラウメ (P.51)	 ニワトコ (P.53)	   ピラカンサ (P.117)
 ブルーベリー (P.119)	 マンリョウの仲間 (P.145)	 ミザクロ (P.93)	 ムラサキシキブ／コムラサキ (P.123)	モチノキの仲間 (P.124)

本書の見方

6〜9ページ 花色・葉色別さくいん
本書で紹介する庭木の主なものを花色・葉色・実なりで分けて、50音順に掲載。花色は「●〜●」「●〜●」「●〜●」「○／●」の4系統に分類しています。

PART1 開花順で見る庭木図鑑
花や葉、実なりが美しく、庭木として育てやすい樹種を、新樹種・新品種を含めて多数紹介。

タイトル
樹種名。漢字表記のあるものは、〈 〉内に示す。

タイトル下
❶ 学名：本書では、複数の樹種（仲間）や品種を紹介する場合の表記「spp.」「cv.」などは省略
❷ 科名＋属名
❸ 樹の性質：落葉／常緑の違いや樹高、雌雄同株／異株の違いを示す。本書では、樹高8m以上を「高木」、樹高5〜8mを「小高木」、樹高1〜5mを「低木」、樹高1m以下を「小低木」とする
❹ この樹種の特徴を示すひとこと

栽培上のポイント
植えつけの適期、好む環境・土質、花芽が分化する時期、花期、熟期、剪定・施肥の適期とポイントを紹介。
※花芽分化の時期を示したのは、剪定によって次の花芽ができなくなることを避けるため。花芽と葉芽はある時期から分化し、その時期を「花芽の分化期」という。
※意味のわかりにくい言葉については188〜189ページまたはPART2を参照してください。

栽培カレンダー
上で解説した栽培上のポイントに加えて、主に行われる繁殖法を図示。

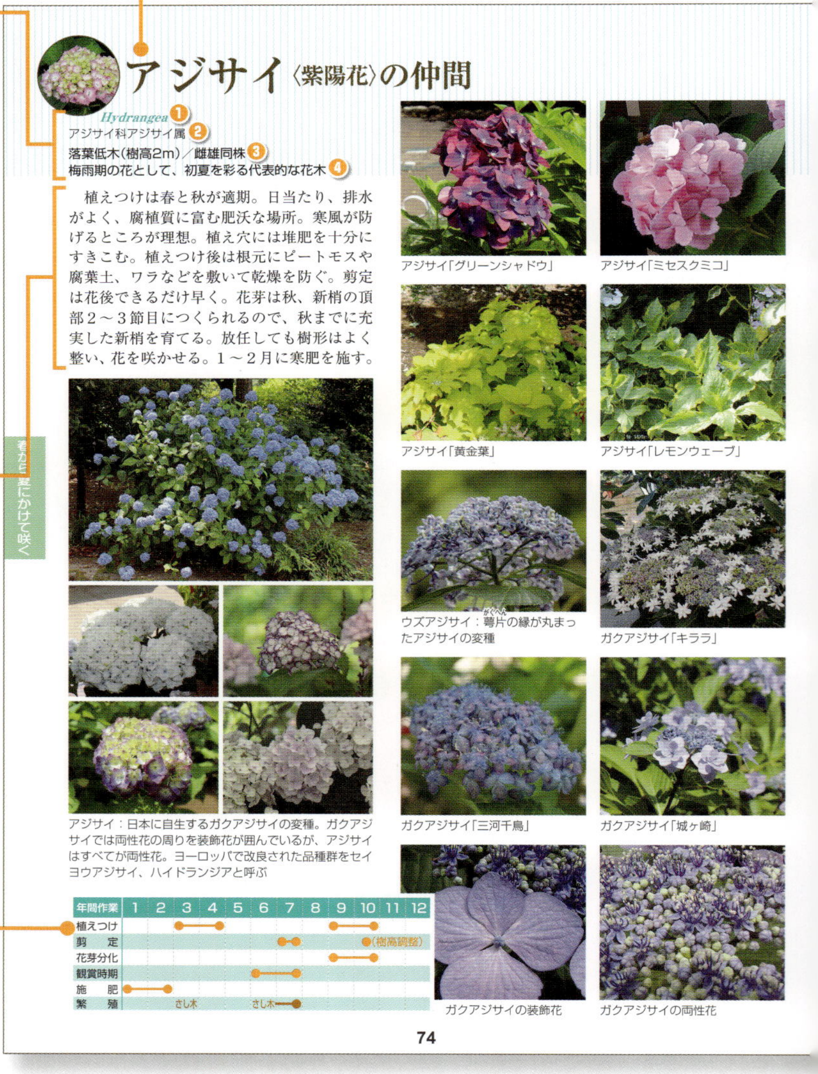

アジサイ〈紫陽花〉の仲間

Hydrangea ❶
アジサイ科アジサイ属 ❷
落葉低木（樹高2m）／雌雄同株 ❸
梅雨期の花として、初夏を彩る代表的な花木 ❹

植えつけは春と秋が適期。日当たり、排水がよく、腐植質に富む肥沃な場所。寒風が防げるところが理想。植え穴には堆肥を十分にすきこむ。植えつけ後は根元にピートモスや腐葉土、ワラなどを敷いて乾燥を防ぐ。剪定は花後できるだけ早く。花芽は秋、新梢の頂部2〜3節目につくられるので、秋までに充実した新梢を育てる。放任しても樹形はよく整い、花を咲かせる。1〜2月に寒肥を施す。

アジサイ「グリーンシャドウ」

アジサイ「ミセスクミコ」

アジサイ「黄金葉」

アジサイ「レモンウェーブ」

ウズアジサイ：萼片の縁が丸まったアジサイの変種

ガクアジサイ「キララ」

アジサイ：日本に自生するガクアジサイの変種。ガクアジサイでは両性花の周りを装飾花が囲んでいるが、アジサイはすべてが両性花。ヨーロッパで改良された品種群をセイヨウアジサイ、ハイドランジアと呼ぶ

ガクアジサイ「三河千鳥」

ガクアジサイ「城ヶ崎」

ガクアジサイの装飾花

ガクアジサイの両性花

PART2
四季の手入れの基礎知識

用意したい道具・あると便利な道具、よい苗木を入手する方法、地域や庭の条件別・樹種の選び方、目的別・おすすめの樹種、植えつけの手順、用土・肥料・仕立て方の基本、病害虫の防除法、自分でふやす方法といった、栽培作業の基本を解説。

188〜189ページ
知っておきたい
基本の園芸用語

PART1の庭木図鑑で用いた園芸用語の意味を、ここで解説しています。

● 樹種・品種

本書に掲載した樹種・品種は、日本国内で入手できるものを選びました。ただし、まだあまり出回っていないものも含むので、その場合は通販やオンラインショップを利用してください（172ページ「よい苗木を入手するには」を参照）。

アジサイの仲間

ヤマアジサイ：日本に自生。湿り気の多い林縁などに生えている。その一種の葉を発酵させて煎じたものを「甘茶」として用いるが、アジサイは有毒なので、素人は行わないこと

ヤマアジサイ「甘茶(アマチャ)」

ヤマアジサイ「大甘茶(オオアマチャ)」

ヤマアジサイ「ゴールデンサンライト」

ヤマアジサイ

アメリカノリノキ：北米原産。アメリカアジサイともいう。個々の花は小さめだが、集まって大きな球形となる

アメリカアジサイ「アナベル」

アメリカアジサイ「インクレディボール」

アメリカアジサイ「ピンクのアナベル」

ガクウツギ：関東以西の山林など半日陰地に自生

コアジサイ：日本に自生。湿り気の多い林縁などに生えている。花は白または淡青色の両性花のみ

春から夏にかけて咲く

● INDEX

開花期の違いにより「早春に咲く」「春に咲く」「春から夏にかけて咲く」「主に夏に咲く」「秋から冬にかけて咲く」「花期が長い」の6つに分けて紹介し、どの季節に咲く花が欲しいかわかるようにしました（ただし、関東南部基準）。

地域の分類

本書では、北陸・甲信越や北関東以北を寒冷地、関東南部を中間地、東海地方以南を暖地とし、関東南部を基準に各栽培作業の適期を示しました。

お気に入りの庭木・花木を見つけていただくために

——●はじめに

自分で育てた庭木に美しい花が咲いて、かわいい実がなっているのを眺めると、心がとても癒されます。見た目とともに香りがあれば、癒しの効果は倍増します。

かわいい草花もいいものですが、樹木は多年性なので、一度植えつければ、毎年楽しめます。草花に比べて病害虫に強く、管理が楽なのもよいところです。「うちは庭木を植えられるほど広くないから」「楽しめるのは花が咲いている間だけでしょう？」とためらう方もいらっしゃると思いますが、樹高の低い矮性の品種や枝が横に広がらない直立性の品種なら、場所をとらずに楽しめます。また、一年に何度も咲く四季咲き性の品種や花に引けをとらないほど葉の美しい品種もあります。

ここで、人気の花木を5つ挙げると「アジサイ」「キンモクセイ」「ハナミズキ」「バラ」「マグノリア」が不動です。これらの樹種は、花が美しいこと、香りがよいこと、管理が楽なこと、花・実なり・紅葉が楽しめること、品種が多く選ぶ楽しみがあること、といった庭木のおすすめポイントがいくつも当てはまります。

私は「香り」が大きなキーワードになると思っています。朝に香る樹種、夕方香る樹種があり、それらの違いを楽しむのもおすすめです。また、誘われて訪れる小鳥や蝶を眺める、そういう楽しみもあります。

本書では、花や葉、実なりが美しく、庭木として育てやすい樹種を、新樹種・新品種を含めて多数紹介しています。日本で入手できるものを厳選していますので、是非、お気に入りの庭木・花木を見つけ出してください。

小林　隆行

人気樹種トップ5

アジサイ

キンモクセイ

ハナミズキ

バラ

マグノリア

PART 1

開花順で見る庭木図鑑

アカシア

Acacia

マメ科ネムノキ亜科アカシア属

落葉低木〜高木（樹高4〜15m）／雌雄異株
繊細な切れ込みの銀葉と、明るい黄橙の花が印象的

早春に咲く

移植を嫌う。日当たりと水はけがよく、強風の当たらない場所を好む。生長がとても早く、環境が合えば植えつけ後4〜5年で5mほどになるが、根が比較的浅く、強風や積雪で倒れたり枝が折れたりしやすい。毎年花が終わったら剪定をして、上部をコンパクトに仕立てると管理が楽。萌芽力が強く、太枝も切ってよい。全体を刈り込み、混み合った部分や新梢の出にくい古枝を間引く。

満開のギンヨウ（銀葉）アカシア。銀緑色の葉姿で、花期以外も観賞価値が高い

アカシア属には非常に多くの種類がある。ギンヨウアカシアやフサアカシアは、ミモザやミモザアカシアの名前でも親しまれ、切り花としても人気（写真はスペクタビリス種）

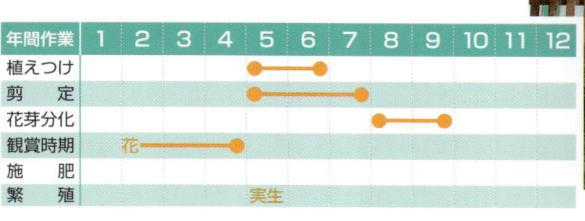

浅根性で倒れやすく、若木のうちは支柱が必要

アンズ/ウメ/スモモ〈杏／梅／李〉

Prunus armeniaca／P.mume／P.salicina
バラ科サクラ属スモモ亜属
落葉小高木〜高木（樹高5〜10m）／雌雄同株
古く薬用として渡来。花も実も楽しめる

　植えつけは早春か初冬に。日当たり、水はけのよい肥沃な場所に。植え穴は大きめに掘り、堆肥を十分にすき込んでおく。花は長い枝にはあまりつかず、主に短い枝につく。長い枝は落葉期に3分の1くらい切り詰め、短枝をつくるようにする。幹にヤニを出すコスカシバの幼虫、アブラムシ、カイガラムシ、果実に出る黒星病など病害虫が多く発生する。薬剤を定期的に散布して防除する。

早春に咲く

スモモ「メスリー」

アンズ（杏）の樹形と花・実

スモモ「ベニバ（紅葉）スモモ」

萌芽から落葉まで葉は紅色

白、紅、淡紅とさまざまな花色のウメ（品種は次ページに）

年間作業	1	2	3	4	5	6	7	8	9	10	11	12
植えつけ		●━━●									●━━━●	
剪定	●━●										●━━●	
花芽分化						●━━━●						
観賞時期	花 ●━●			実 ●━━●								
施肥		●━●					●					
繁殖												

アンズ/ウメ/スモモ

早春に咲く

「青軸(あおじく)」

「大盃(おおさかずき)」

「大湊(おおみなと)」

「開運梅(かいうんばい)」

「扇流し(おうぎながし)」

「鹿児島紅(かごしまべに)」

「寒紅梅(かんこうばい)」

「寒衣(かんごろも)」

「玉英(ぎょくえい)」

「月宮殿(げっきゅうでん)」

「古郷の錦(こきょうのにしき)」

「佐橋紅(さはしべに)」

「白加賀(しろかが)」

「雪月花(せつげつか)」

「冬至(とうじ)」

「花香実(はなかみ)」

「藤牡丹枝垂(ふじぼたんしだれ)」

「豊後(ぶんご)」

「紅千鳥(べにちどり)」

「紅冬至(べにとうじ)」

「未開紅(みかいこう)」

「道知る辺(みちしるべ)」

「武蔵野(むさしの)」

ウメの品種例

ウメの品種は実ウメと花ウメに大別でき、花ウメは野梅系/紅梅系/豊後系に分けられる。さらに野梅系は野梅性/難波性/紅筆性/青軸性に、豊後系は豊後性/杏性に分類される。ただし、この分類には諸説あり、上の品種例は50音順に並べている。

エリカ/カルーナ
Erica / Calluna vulgaris

ツツジ科エリカ属／カルーナ属
常緑低木(樹高0.2～3m)／雌雄異株
風通しや用土の排水性が悪いと根腐れしやすい

　仲間がたくさんあり、多くはヨーロッパの冷涼な気候を好み高温多湿を嫌う。関東以北では栽培しやすい性質のものを選べば地植えできる。ツツジ科で、弱酸性の用土を好む。夏の高温多湿と乾燥を嫌うので、風通しをよくし、水切れに注意する。剪定は、花後に全体を3分の2ほどに刈り込み、混み合った部分や古枝を間引く。細根性で鉢植えでは根詰まりしやすいため、毎年花後に植え替える。

早春に咲く

ジャノメエリカ(白花)

ジャノメエリカ

カルーナ・ブルガリス

エリカ・ヴァガンス

エリカ「ホワイト・ディライト」

オウバイ〈黄梅〉

Jasminum nudiflorum
モクセイ科ソケイ(ジャスミン)属
落葉低木(樹高2〜3m)／雌雄同株
早春に小さい黄色6裂の花を咲かせる

早春に咲く

植えつけは春と秋が適期。日当たりと水はけのよいところに、できるだけ高めに植えつける。寒さや乾燥に強く、石垣の上などでもよく育つ。花芽は新梢の各節に対になってつくので、剪定は花の終わった直後に行う。放任すると枝を四方に伸ばし雑然とした株になる。枝は弓なりに下垂し、接した節のところから発根することがある。地際から伸びた枝は切り取り、新しい株をふやすのもよい。

オウバイ：花は筒状で先が6裂している

年間作業	1	2	3	4	5	6	7	8	9	10	11	12
植えつけ			●—	—●				●—	—●		
剪定				●—	—●							
花芽分化						●—	—●					
観賞時期	花—	—●										
施肥	●—● (窒素過多では花つきが悪くなる)											
繁殖		さし木●—	—●とり木		さし木●—	—●			とり木●—	—●		

ウンナンオウバイ：一重〜半八重咲きで花弁が大きい

マンサク〈満作、万作〉の仲間

Hamamelis／Loropetalum etc.
マンサク科マンサク属／トキワマンサク属など
落葉低木〜小高木・常緑低木（樹高2〜5m）／雌雄同株
まだ寒さの厳しい早春に、ほかの花木に先駆けて咲く

半日陰でも育つが西日の当たる場所は避ける。乾燥を嫌うので、腐葉土や堆肥を施し、保水性、排水性のよい土に植えつける。自然樹形で整うので剪定はほとんど不要だが、1〜3本仕立てにもできる。混み合いそうな部分や長く強い枝は早めに間引く。常緑のトキワマンサクなどは、刈り込んで仕立ててもよい。剪定は花後すぐ、翌年咲く花芽ができる前の5月中旬〜6月頃までに行う。

早春に咲く

マンサク：早めに間引くと、独自の風情あるやわらかい印象が保てる

マンサク「アーノルドプロミス」

マンサク「香りマンサク」

シナマンサク

シナマンサク「パリダ」

アカバナマンサク

マンサク「ディアナ」

フォッサギラ（フォザギラ）は白花マンサクとも呼ばれる落葉低木

ガーデニー

マヨール

秋の紅葉も美しい

早春に咲く

マンサクの仲間

トキワマンサクは常緑性で春・秋に花を咲かせる。ベニバナトキワマンサクには緑葉と紅葉の品種がある

ロドレイア・ヘンリー(シャクナゲモドキ)は常緑高木。4～5月頃、マンサク科の中では華やかな花を咲かせる

ロウバイ〈蠟梅〉の仲間

Chimonanthus / Calycanthus
ロウバイ科
落葉低木～小高木(樹高1～5m)／雌雄同株
姿は控えめだが甘い香りが漂って季節を知らせる

　移植を嫌うので場所選びは慎重に。乾燥をやや嫌い、適湿で肥沃な場所を好む。夏の乾燥が続くときは地植えでも水を与え、株元をワラなどで覆うとよい。生長が遅いので剪定はほとんど不要。樹形が乱れたり花つきが悪くなったりしたときは、花後すぐに不要枝や古枝を元から切り取る。強剪定を続けると徒長枝が出て、花芽がつきにくくなるので注意。ひこばえは、見つけ次第、根元から切る。

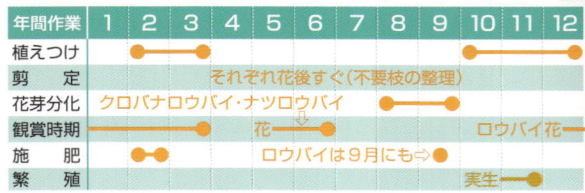

年間作業	1	2	3	4	5	6	7	8	9	10	11	12
植えつけ		○—	—○							○—	—	—○
剪定			それぞれ花後すぐ(不要枝の整理)									
花芽分化			クロバナロウバイ・ナツロウバイ									
観賞時期					花					ロウバイ花		
施肥	○—	—○			ロウバイは9月にも⇒							
繁殖								実生				

寒風で枯れ込むことがあるので、冬、日だまりになるような場所に

ロウバイの仲間

早春に咲く

ロウバイには花全体が黄色のソシンロウバイ（素心蠟梅）や、さらに黄色が濃く、花弁が丸みを帯びたマンゲツロウバイ（満月蠟梅）などの園芸品種がある。上の写真はソシン（左）とマンゲツ（右）

基本種のロウバイ（左）とソシンロウバイ（中）、マンゲツロウバイ（右）

ロウバイといえば冬の花というイメージがあるが、ナツロウバイ（左上）やクロバナロウバイ（右上）は初夏に花が咲く。これら属が異なる2種を交配させてつくられたのが、「ハートレッジ・ワイン」（左下）と「ホワイト・ドレス」（右下）。やはり初夏に咲く

アオキ〈青木〉

Aucuba japonica
ミズキ科アオイ属
常緑低木(樹高1〜2m)／雌雄異株
日陰や大気汚染に強い常緑樹

春に咲く

　植えつけは春と晩夏〜秋が適期。植え場所は日陰や半日陰で、肥沃なやや湿り気のあるところ。著しく乾燥する場所は避ける。放任しても自然に樹形を整える。剪定は3〜4月に長い枝を切り詰め、細かい枝を間引く程度。古枝は元から切りとり、更新を図る。日陰や大気汚染に強いので、庭の北側などには欠かせない庭木。雌木には晩秋から冬にかけてつややかな赤い実をつけ、冬枯れの庭を彩る。

雌花：中央部の雌しべが目立つ

雄花：黄色い4本の雄しべが目立つ

果実は雌木につく

「秀月」

「アンジェロン」

「ゴールデンキング」

「サルフレア・マルギナータ」

「ステラ」

「ピクチュラータ」

「細葉」

アセビ〈馬酔木〉

Pieris japonica

ツツジ科アセビ属

常緑低木（樹高1〜3m）／雌雄同株
春に群がって咲く壺状の花が可憐

　植えつけは春と秋が適期だが、根を傷めないように扱えば周年可能。半日陰を好むが、腐植質に富む土質であれば日当たりのよいところでもよく育つ。剪定は花の終わった直後に行う。花芽は夏、新梢の頂部につくられ、翌春開花する。秋以降の剪定は弱めに、樹形を乱す枝の整理くらいにする。土質がよければとくに施肥の必要はない。風通しが悪いとハマキムシなどの害虫が発生する。

基本種

「フレーミングシルバー」

基本種の花色は白

「斑入り」

「更紗」

「紅花種」

春に咲く

アメリカイワナンテン〈亜米利加岩南天〉

Leucothoe fontanesiana
ツツジ科イワナンテン属

常緑低木（樹高0.5〜1.5m）／雌雄同株
日陰でもよく育ち、丈夫でグラウンドカバーにも向く

　乾燥ぎみの場所や夏の強い日差しが当たる場所は避け、日なた〜半日陰で排水性と保水性のよい場所に植えつける。日照不足にも耐え、刈り込んでも放任してもよく育つので、グラウンドカバーにも向く。伸びた枝がふんわりと枝垂れる姿が美しいので、強い枝が伸びて暴れた印象になったら切り戻しを。下葉が落ちたり葉が変色したりして見苦しい古枝は、花後に株元から切って更新する。

春に咲く

「アキシラリス」は新芽と秋の紅葉が鮮やか

白やピンクの斑が美しい「レインボー」

オウゴンガシワ〈黄金柏〉

Quercus aliena 'Lutea'
ブナ科コナラ属

落葉高木(樹高10〜15m)／雌雄同株
新緑の黄金色〜明るい緑〜黄色の紅葉と色変化が見事

　日本の山地にも自生するナラガシワの栽培品種で、本来は10m以上になる高木。スペースが広く日当たりがよい、肥沃な場所を選んで植えつける。葉色が美しく、丈夫で病害虫も少ないのでシンボルツリーに適するが、生長がゆっくりで芽の数が多くない。ある程度の高さに育つまでは剪定を少なめにし、交差して伸びる枝や樹冠の内側に向う枝など不要な枝を冬の落葉期に整理する程度でよい。

春に咲く

黄金色の新葉も初夏には緑色に変わる

芽出し〜新葉の時期は黄金色で庭が明るくなる

カイドウ（ハナカイドウ）〈海棠（花海棠）〉

Malus halliana
バラ科ナシ亜科リンゴ属
落葉小高木（樹高3〜5m）／雌雄同株
春を華やかに演出してくれる花

　植えつけは12〜3月が適期。日当たり、水はけのよい肥沃な場所が適している。日陰や湿地、やせ地では花つきが悪い。花芽は当年生の充実した短枝の頂部につくられ、翌春この芽が伸びて花を咲かせる。剪定は落葉期に。樹形全体を見ながら、花芽のない細かい枝は元から切り落とし、長い徒長枝は元を数芽残して切り詰める。施肥は窒素過多になると花つきが悪い。初夏、葉に赤星病が発生する。

年間作業	1	2	3	4	5	6	7	8	9	10	11	12
植えつけ			●━━●									●━
剪　定	●●											●━
花芽分化						●━●						
観賞時期			花					実				
施　肥		●●						●━●				
繁　殖			つぎ木									

春に咲く

カエデ（モミジ）〈楓（紅葉）〉

Acer
カエデ科カエデ属
落葉小高木〜高木（樹高5〜15m）／雌雄同株
日本の秋を彩る代表的な紅葉（黄葉）樹

　植えつけは落葉期に。日当たり、水はけがよく腐植質に富んだ肥沃な場所を好む。夏の西日の強い場所は葉焼けを起こしやすいのでなるべく避けたい。剪定は落葉期に。樹姿を乱している枝や混み合った部分は間引き、伸びすぎた枝は切り詰め、自然風に仕立てる。樹液の活動が早いので、1月中には終わるように。施肥は庭木ではほとんど必要ない。夏に発生するゴマダラカミキリが大敵。

年間作業	1	2	3	4	5	6	7	8	9	10	11	12
植えつけ	●━●										●━━━●	
剪　定	●━●											●━●
花芽分化												
観賞時期				新芽						紅葉（黄葉）		
施　肥												
繁　殖		さし木										
	つぎ木					実生						

26

カエデ(モミジ)

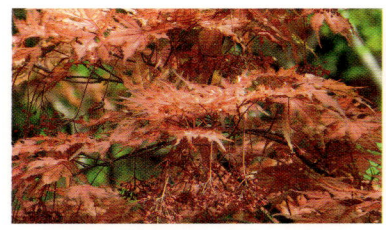
イロハモミジ「笠置山(かさぎやま)」〈春〉

イロハモミジ「鴫立沢(しぎたつさわ)」〈春〉

イロハモミジ「赤鴫立沢(あかしぎたつさわ)」〈春〉

イロハモミジ「大滝(おおたき)」〈春/秋〉

ヤマモミジ「紅枝垂(べにしだれ)」〈春/秋〉

トウカエデ「花散里(はなちるさと)」〈春/秋〉

イロハモミジ「明石潟(あかしがた)」〈秋〉

イロハモミジ「大鏡(おおかがみ)」〈秋〉

イロハモミジ「大盃(おおさかずき)」〈秋〉

イロハモミジ「珊瑚閣(さんごかく)」〈秋〉

イロハモミジ「蝉の羽(せみのはね)」〈秋〉

イロハモミジ「錦紅葉(にしきもみじ)」〈秋〉

カジカエデ〈秋〉

ミツデカエデ〈秋〉

春に咲く

日本産カエデの品種例

種類・品種はさまざま。たとえば同じ「イロハモミジ」ひとつを見ても、葉の大きさ・形、模様、秋の紅葉・黄葉など、変化に富む。春の芽出し頃の美しさも捨てがたい

カエデ(モミジ) — 外国産カエデ

ネグンドカエデ「フラミンゴ」

ネグンドカエデ「オーレア・バリエガタ」

ネグンドカエデ「エレガンス」

ネグンドカエデの黄葉

ノルウェーカエデ「ロイヤル・レッド」

ノルウェーカエデ「プリンストン・ゴールド」

外国産カエデの品種例

多彩な葉色と柔らかい葉姿が魅力の外国産カエデ。芽出しの頃の葉色がとくに美しい。夏場の暑さを避けるため、関東南部以西では、半日陰地に植えつけるとよい

春に咲く

カルミア

Kalmia latifolia

ツツジ科カルミア属
常緑低木(樹高1〜4m)／雌雄同株
花笠のような大きな花房が豪華

　植えつけは初春〜春と秋が適期。日当たり、水はけがよく、腐植質に富み、西日や寒風の当たらない場所が適している。ツツジの仲間なので酸性土を好む。植え穴には腐葉土やピートモスをすき込んでおく。花は5〜6月、枝先にかたまって咲く。放任しても樹形は整うので、とくに剪定の必要はない。枯れ枝や樹冠内の枝を整理する程度。7月にお礼肥を施す。乾燥の激しい季節には水やりを。

春に咲く

目隠し(上)やシンボルツリー(下)、生垣など使い方はさまざま

カルミア「オスボレッド」

カルミア「ペパーミント」

長く楽しむには咲き終えた花がらを摘み取るとよい

年間作業	1	2	3	4	5	6	7	8	9	10	11	12
植えつけ		●—	—	—	—●			●—	—●		
剪定										●—●	
花芽分化						●—	—●				
観賞時期			花—	—●							
施肥				●—●							
繁殖		つぎ木●—● ●—実生									

カレーバイン（ツリガネカズラ〈釣り鐘葛〉）

Bignonia capreolata
ノウゼンカズラ科ツリガネカズラ属

落葉つる性木本（つる長10〜20m）／雌雄同株
釣り鐘状の花はカレーを思わせるスパイシーな香り

　巻きひげやつるの途中から根を出して、ほかのものに絡みついたり張りついたりして生長する。壁面緑化に利用されるほど生育は旺盛で、やせ地でもよく育つ。植えつけ時に摘心すると、分枝してよく繁茂する。花が終わったら長く伸びたつるを3分の1〜半分ほどまで切り詰め、混み合った部分を間引く。寒さにやや弱いので、冬に0℃を下回る地方では鉢植えにして室内で管理を。

春に咲く

年間作業	1	2	3	4	5	6	7	8	9	10	11	12
植えつけ					●—	—●						
剪定					●—	—●						
花芽分化												
観賞時期				花—	—●							
施肥												
繁殖												

適温が確保できないときは水やりを控えめに

カロライナジャスミン

Gelsemium sempervirens
マチン科ゲルセミウム属

常緑つる性木本（つる長2〜7m）／雌雄同株
甘い香りを漂わせるラッパ状の花が株一面に咲く

　植えつけは気温が安定する4〜5月上旬と9月が適期。暖地性なので庭植えは東京周辺以南の暖かい地域で。日当たり、水はけがよく、冬の寒風が当たらない場所に植えつける。花芽は日当たりがよく、温度が20℃以上あれば新梢の葉腋につく。つるが自然に絡んで樹形をつくっていくので、とくに剪定の必要はない。つるは切らずに誘引して伸ばしていく。施肥は窒素過多になると花つきが悪くなる。

年間作業	1	2	3	4	5	6	7	8	9	10	11	12
植えつけ				●—	—●				●—	—●		
剪定												
花芽分化							●—	—●				
観賞時期				花—	—●							
施肥				●								
繁殖												

キブシ〈木五倍子〉

Stachyurus praecox
キブシ科キブシ属
落葉低木（樹高約2m）／雌雄同株
果実は粉にして黒色の染料として利用される

　植えつけは落葉期に。日当たり、水はけのよい場所であれば、土質はとくに選ばない。花芽は夏頃、新梢の葉腋につくられる。放任しても自然に樹形は整ってくる。剪定は不要枝や混み合っている部分を間引く程度でよい。枝の途中での切り詰めは避け、自然の姿に仕立てる。害虫ではテッポウムシがまれに発生する程度。肥料はほとんど必要ない。あまり与えないほうが花つきもよい。

年間作業	1	2	3	4	5	6	7	8	9	10	11	12
植えつけ		●―●									●―	―●
剪　定		●―●―	―●								●―	―●
花芽分化								●―●				
観賞時期			花●―	―●								
施　肥												
繁　殖			さし木　実生									

春に咲く

ギンバイカ〈銀梅花〉（マートル）

Myrtus communis
フトモモ科ギンバイカ属
常緑低木（樹高1～3m）／雌雄同株
ほのかに甘くシャープな香り。古くから神事などに

　日当たりと水はけのよい肥沃な土壌でよく生育するが、日当たりが多少悪くても耐える。地中海地方原産で半耐寒性なので、植えつけは春に。寒冷地では鉢植えにして冬は軒下へ。丈夫で刈り込みによく耐えコンパクトに仕立てられるので、生け垣やトピアリー、草花との寄せ植えにも向く。放任しても整うので剪定はほとんど不要だが、育ちすぎたり樹形が乱れたりしたときは花後に間引きや切り詰めを。

年間作業	1	2	3	4	5	6	7	8	9	10	11	12
植えつけ			●―	―●								
剪　定												
花芽分化							●―●					
観賞時期				花●―	―●	―●						
施　肥												
繁　殖			実生●―●									

ハーブとして料理や化粧水、アロマテラピーなどに使われる

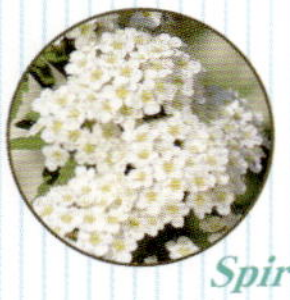

コデマリ〈小手鞠〉の仲間

Spiraea cantoniensis（コデマリ）／*S.thunbergii*（ユキヤナギ）／*S.prunifolia*（シジミバナ）／*S.japonica*（シモツケ）

バラ科シモツケ亜科シモツケ属

落葉低木（樹高1.5～2m）／雌雄同株
花期には株一面が白い小花で覆われる

植えつけは落葉期に。日当たりがよく、腐植質に富んだ、肥沃で湿潤な場所が適している。放任しても樹形は整う。4～5年に1回、花後に花つきの悪くなった古枝を株元から切り取り、枝の更新を図る。枝先が弓状にしなやかに伸びた姿がこの木の特徴。むやみに枝先を切るのは避ける。肥料は2月か花の終わった直後と8月下旬に、油かすに化成肥料を同量混ぜたものを一～二握り株元にまく。

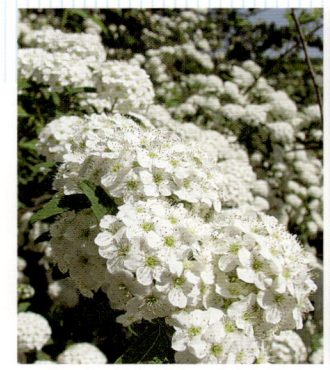

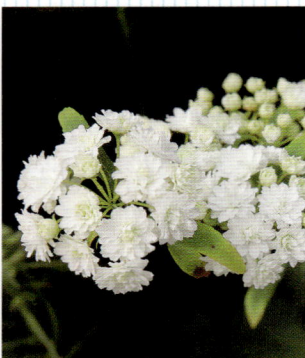

コデマリ：基本種は一重咲きだが、八重咲きの品種もある

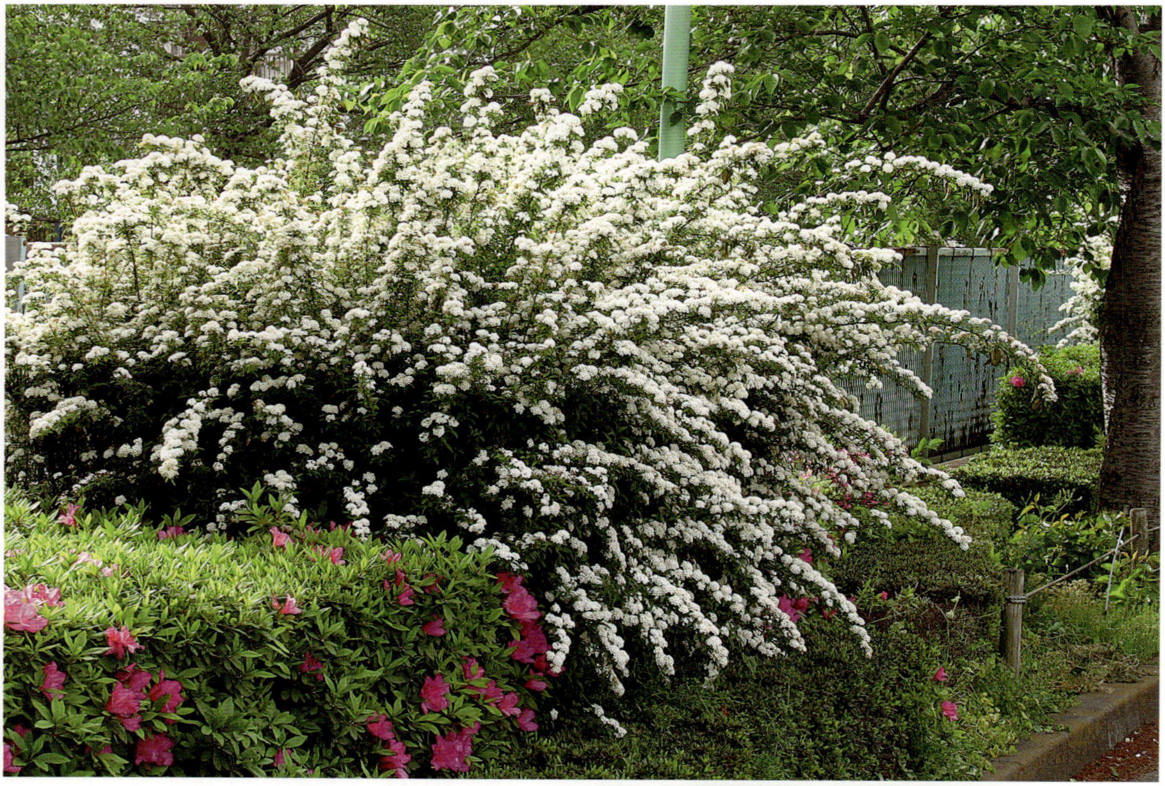

年間作業	1	2	3	4	5	6	7	8	9	10	11	12
植えつけ	━	━	━●								●━	━
剪定					（花後すぐに）							
花芽分化										●━●		
観賞時期			花━	━	━●							
施肥		●━●				（花後すぐ）		●				
繁殖	━	━	━●さし木				さし木━	━●				株分け━

＊撮影協力：第14回国際バラとガーデニングショウ

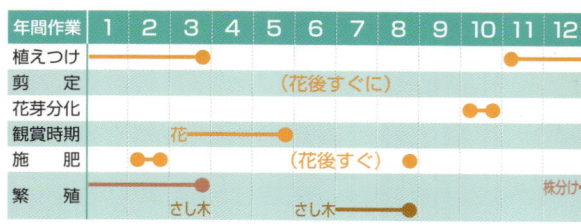

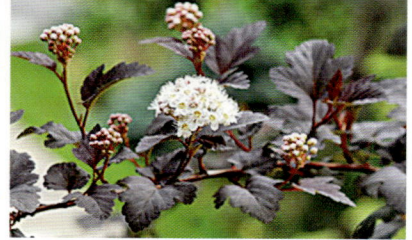

アメリカテマリシモツケ：金葉コデマリとも呼ばれるが別属。新葉は美しい黄金色。花期は6月中～下旬。写真はその銅葉種「ディアボロ」

コデマリの仲間

ユキヤナギ：放任しても写真のように丸く整うが、刈り込んで生け垣にも

淡紅色のユキヤナギ「フジノピンキー」

シジミバナ：ユキヤナギに似るが、花は八重咲きで、花柄が長い

シモツケ：花色は白から淡〜濃紅色までさまざま。紅白に咲き分ける品種もある（下写真は「マジックカーペット」）

コニファー類

Conifer

マツ科・ヒノキ科・イチイ科

常緑低木(樹高1〜5m)／雌雄同株
葉色と樹形の豊富さが庭木として魅力

　植えつけは2月中旬〜5月上旬と、9〜11月が適期。種類が多く、それぞれ性質も異なる。耐寒性、耐暑性にも差がある。性質を知ったうえで植栽する。日当たりを嫌う品種以外は、日当たり、通風、水はけのよいところが適している。放任しても樹形は整うが、美しい葉色と樹形を楽しむには、こまめに枝先を刈り込むのがよい。5月下旬〜12月にかけて3〜4回刈り込む。与えると枝葉が伸びすぎるので施肥の必要はほとんどない。

春に咲く

チョウセンシラベ「ホルストマンズ・シルバーロック」

モントレーイトスギ「ゴールドクレスト」

カナダトウヒ「レインボウズ・エンド」

ヒノキ「ヤツブサ」

コロラドトウヒ「ホプシー」

カナダツガ「ペンジェラ」

ハイビャクシン

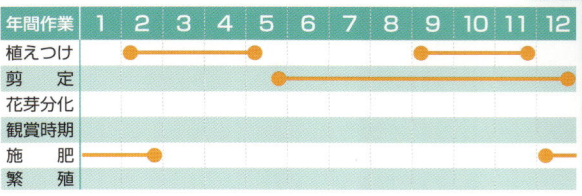

年間作業	1	2	3	4	5	6	7	8	9	10	11	12
植えつけ		●	―	―	●				●	―	●	
剪定					●	―	―	―	―	―	●	
花芽分化												
観賞時期												
施肥		●	―	●					●	―	●	
繁殖												

コルクウィッチア（ショウキウツギ〈鐘馗空木〉）

Kolkwitzia amabilis
スイカズラ科ショウキウツギ属

落葉低木（樹高1.5〜3m）／雌雄同株
芳香のある薄ピンクの小花が木を覆うように咲く

　小枝がたくさん出てよく繁茂し広がるが、刈り込みに耐えるので生け垣などでも楽しめる。広い場所で大株に育てれば、枝が枝垂れて咲くさまがシダレザクラのようで見事。剪定は落葉期に不要な枝を間引くが、秋以降には先端に花芽ができているので切りすぎないこと。刈り込むときは花後に3分の1〜半分ほどに切り詰め、落葉後に不要枝を間引く。2月頃に有機質肥料をたっぷり施す。

春に咲く

さまざまな仕立て方で楽しむことができる

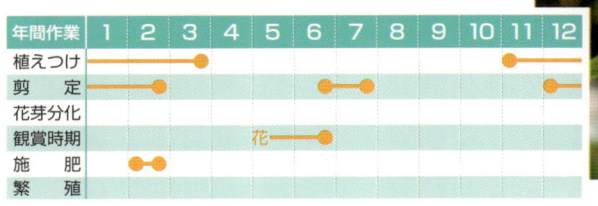

花形はアベリア（P.151参照）に似ている

ザイフリボク〈采振木〉/ジューンベリー

Amelanchier asiatica / A. canadensis

バラ科ナシ亜科ザイフリボク属

落葉低木～小高木(樹高2～8m)／雌雄異株
桜に似た可憐な花で、6月に熟す実はジャムなどに

　生長が比較的ゆっくりで、放任しても姿が整う。本来は7～8mになるが、鉢植えにすればコンパクトに育つ。花、実、紅葉が楽しめるが、品種や仕立てによって実つきのよいもの、直立性の強いものや株立ちのものがあるので吟味して選ぶ。強い剪定は不要だが、伸びすぎた徒長枝や樹冠の内側に向う枝などは落葉期に切り詰める。

春に咲く

ジューンベリーの実なり。6月(June)頃に実が熟すので、この名がある。日本にも自生するザイフリボクの実は、秋に黒く熟す。いずれも食用可

「グランディフローラ」

「バレリーナ」

「ラマルキー」

「ロビンヒル」

サクラ〈桜〉

Prunus

バラ科サクラ亜科サクラ属サクラ亜属

落葉低木〜高木（樹高2〜15m）／雌雄同株
花といえばサクラ、春の代名詞

　植えつけは落葉期に。日当たり、水はけがよく、腐植質に富んだ肥沃な場所が適している。花芽は新梢の短枝につくられ、翌春に開花。枝を切ると切り口の治りが悪く、病菌が入りやすいので、剪定は細い枝を主に行う。やむをえず太い枝を切るときは枝元で切り、切り口に癒合剤を塗る。剪定適期は1〜2月。ケムシやてんぐ巣病など病害虫が多い。てんぐ巣病の被害枝は切り取って焼却する。

浅黄（あさぎ）

アーコレイド

旭山（あさひやま）

熱海早咲き（あたみはやざき）

天城吉野（あまぎよしの）

天の川（あまのがわ）

雨宿り（あまやどり）

染井吉野（そめいよしの）：オオシマザクラとエドヒガンの交配で生まれたとされる代表的なサクラの園芸品種

「伊豆吉野（いずよしの）」 　「染井匂（そめいにおい）」

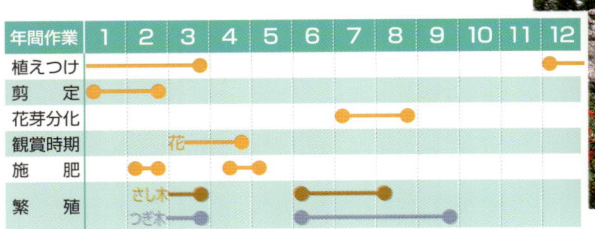

春に咲く

安行寒桜（あんぎょうかんざくら）

春に咲く

市原虎の尾(いちはらとらのお)　一葉(いちよう)　鬱金(うこん)　雨情枝垂(うじょうしだれ)

上溝桜(うわみずざくら)　上溝桜(うわみずざくら)・ピンク　江戸桜(えどざくら)　江戸彼岸(えどひがん)

大寒桜(おおかんざくら)　大島桜(おおしまざくら)：野生種。緑の葉とともに白花を咲かせる　オカメ

思川(おもいがわ)

河津桜(かわづざくら)　寒緋桜(かんひざくら)　御衣黄(ぎょいこう)　啓翁桜(けいおうざくら)

紅華(こうか)　御殿場桜(ごてんばざくら)　支那実桜「暖地桜桃」(しなみざくら・だんちおうとう)　西洋実桜「佐藤錦」(せいようみざくら・さとうにしき)

38

サクラ

枝垂桜(しだれざくら) 十月桜(じゅうがつざくら) 修善寺寒桜(しゅぜんじかんざくら) 仙台屋(せんだいや)

染井紅(そめいべに) 泰山府君(たいざんふくん) 太白(たいはく)

丁子桜(ちょうじざくら) 椿寒桜(つばきかんざくら) 福禄寿(ふくろくじゅ)

普賢象(ふげんぞう) 紅豊(べにゆたか) 水上太白(みなかみたいはく) 彼岸桜(ひがんざくら)

八重の大島(やえのおおしま) 山桜(やまざくら):野生種。新葉とともに花を咲かせる

雅(みやび) 八重紅大島(やえべにおおしま) 陽光(ようこう) 鷲の尾(わしのお)

春に咲く

39

サンシュユ〈山茱萸〉

Cornus officinalis
ミズキ科ミズキ属

落葉小高木～高木（樹高5～10m）／雌雄同株
早春に、黄金の花が枝を埋めつくす

　植えつけは厳寒期を除く落葉期に。日当たり、排水性、保水性がよく、寒風の防げる場所が適している。植え穴には堆肥を十分にすき込む。花芽は頂部の枝や徒長枝にはつかず、基部の短枝の先につく。落葉期に花芽のない長い枝は、元に5～6芽残して切り詰める。不要なひこばえはかき取る。太い枝からもよく新梢を伸ばす。4～5年に1回、花後に強い剪定を行って、樹冠の更新を図る。

黄金色の小花が集まった集合花。秋に熟す実は生食できる

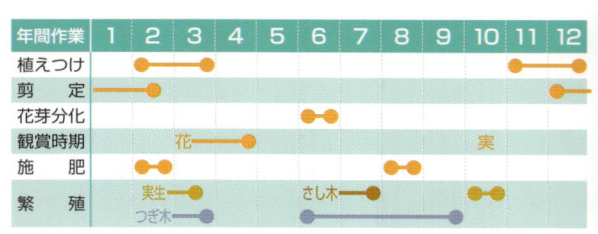

春に咲く

秋には紅葉も楽しめる

年間作業	1	2	3	4	5	6	7	8	9	10	11	12
植えつけ		●―●									●―●	
剪定	●―●										●―●	
花芽分化					●―●							
観賞時期		花――――							実			
施肥		●―●					●―●					
繁殖		実生●―●		さし木 ●――――●								
		つぎ木 ●――――――●										

シキミ〈樒〉

Illicium religiosum

シキミ科シキミ属

常緑低木(樹高2〜5m)／雌雄同株
抹香の香りで知られ、控えめな花と実の姿も個性的

　日本の暖地の山地にも自生し、耐寒性、耐暑性が強く、枝がよく茂って丈夫。強光下では葉焼けすることがあるので、夏の西日を避けた場所、半日陰地などを選んで植えつける。高木の下木としても適する。適度な湿り気のある肥沃な場所を好むので、植え込み時は有機質を含む元肥を多めに施す。剪定はほぼ不要で放任しても樹形が整うが、1〜2月に枯枝や不要な枝を整理するとよい。

春に咲く

「フロリダナム」。花は暗紅色

「フロリダナム」と斑入り種

葉に白い斑が入る品種もある。花は淡紅色

樹全体に毒がある。とくに種子は猛毒なので要注意

年間作業	1	2	3	4	5	6	7	8	9	10	11	12
植えつけ												
剪　定												
花芽分化												
観賞時期				花								
施　肥												
繁　殖				実生								

シャリンバイ〈車輪梅〉

Rhaphiolepis indica var. *umbellata*
バラ科ナシ亜科シャリンバイ属
常緑低木（樹高1.5〜3m）
常緑で光沢のある厚葉も魅力

春に咲く

　暖地性なので、植えつけは4〜5月と9月が適期。日当たり、水はけのよい肥沃な場所が適している。大株になると移植を嫌う。放任しても樹形は整うが、枝をよく伸ばすので、葉姿を楽しむ場合は6月下旬〜7月と10月下旬〜12月、年2回刈り込んで樹形を保つ。花芽は夏、当年生の充実した短枝の先につくられ、翌年開花する。花木として楽しむときは初秋以降の強い刈り込みは避ける。

ヒメシャリンバイ

ヒメシャリンバイ「ミノールマキノ」

シャリンバイ：花色は白。咲き終わりが近づくと、花芯が紅色になる。葉が丸いものをマルバシャリンバイという

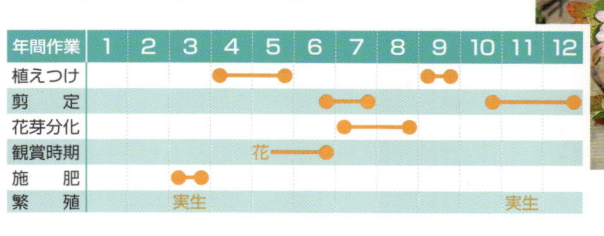

花色が赤くなる品種もある。上はシャリンバイ「ホワイトエンチャントレス」。下はヒメシャリンバイ「ロゼア」

年間作業	1	2	3	4	5	6	7	8	9	10	11	12
植えつけ				●—●—●					●—●			
剪定						●—●—●				●—●—●—●		
花芽分化							●—●—●					
観賞時期				花—●								
施肥			●—●									
繁殖				実生					実生			

シロヤマブキ〈白山吹〉

Rhodotypos scandens
バラ科バラ亜科シロヤマブキ属

常緑低木(樹高1〜2m)／雌雄同株
初夏の白い花、秋の黒い実と風情のある花木

　植えつけは早春〜春と初冬が適期。半日陰で腐植質に富む、肥沃な適湿地を好む。植え穴には堆肥や腐葉土を十分にすき込んでおく。放任しても樹形は自然に整う。あまり手を加えない、自然の姿がもっとも美しい。長く伸びた枝は1〜2月に地際で切り取る。4〜5年生の古枝は花後に元から切り取り、枝の更新を図る。2月に堆肥や腐葉土を根元に厚めに敷いておくと効果的。肥料は少なめに。

春に咲く

年間作業	1	2	3	4	5	6	7	8	9	10	11	12
植えつけ		●━━━━━━━━━━●								●━━●		
剪　定	●━●			●━━━古枝の更新━━━●								
花芽分化					●━━━━━●							
観賞時期			●━花━●				●━━実━━●					
施　肥	●━●											
繁　殖			●━━実生━━●						●━実生━●			

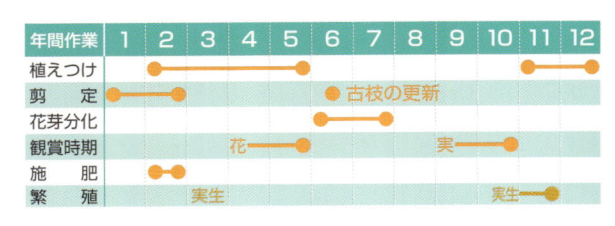

花形がヤマブキに似ているが別属。花弁の数がヤマブキは5枚、シロヤマブキは4枚。実は秋に黒く熟す

ジンチョウゲ〈沈丁花〉の仲間

ジンチョウゲ(*Daphne odora* ジンチョウゲ科ジンチョウゲ属)
オニシバリ(*Daphne pseudo-mezereum* ジンチョウゲ科ジンチョウゲ属)
ミツマタ(*Edgeworthia chrysantha* ジンチョウゲ科ミツマタ属)

落葉低木(樹高0.5～1.5m)／雌雄異株
強く甘い香りで、いち早く春の訪れを告げる

　日なた～半日陰で、夏の西日や寒風の当たらない場所を選ぶ。根が直根性で細根も少ないため、成木に育つと移植が難しい。苗は鉢内で根がよく生長したものを選び、根鉢を崩さずに植えつける。放任しても樹形が整いやすく、剪定はほとんど不要。花芽は前年の夏、新梢の頂部にできる。小枝が密生したり古枝が多くなったりすると風通しが悪くなり花数も減るので、花後に切り戻して更新する。

春に咲く

ジンチョウゲ深覆輪斑「前島」

ジンチョウゲ二重覆輪斑

ジンチョウゲ：花期には、周囲に芳香を漂わせる。花色は内側が白で外側が紅紫。シロバナジンチョウゲは内側も外側も花色は白

つぼみのときのほうが、紅紫色がよく目立つ

年間作業	1	2	3	4	5	6	7	8	9	10	11	12
植えつけ				●━●				●━●				
剪定				●━●								
花芽分化							●━●					
観賞時期	花━━●											
施肥		●━●							●━●			
繁殖			さし木━━━━━			━━━━━━━						

ジンチョウゲの仲間

ナニワズ：基本種であるオニシバリの花色は黄緑に近いが、このナニワズは花が黄色い変種。オニシバリの名の由来は繊維が強いことから。また、夏には上の写真のように葉を落とすためナツボウズの異名もある。園芸店では黄花ジンチョウゲと呼ばれることも

アカバナミツマタ

ミツマタ：和紙の原料として有名だが、花木も十分に美しい。変種のアカバナミツマタや、中国原産のタイリンミツマタの花は、より鮮やか

タイリンミツマタ

春に咲く

セアノサス

Ceanothus
クロウメモドキ科セアノサス属
常緑低木(樹高0.5〜3m)／雌雄異株
ライラックに似た青花が愛らしくグラウンドカバーにも

　セアノサス属には多くの種があり、日本ではカリフォルニア・ライラックの総称で出回ることが多い。その多くが寒さに弱いのに対し、プロストラータ種は−15℃にも耐えグラウンドカバーなどにも利用できる。夏の高温多湿をやや苦手とするので、排水性のよい土壌に植えつける。日なたを好むが半日陰でも耐える。剪定はほとんど不要だが、伸びすぎたり風通しが悪い部分は花後に切り戻す。幼苗のうちから花を咲かせるが、若いうちは霜の害や強剪定で弱りやすいので注意を。

春に咲く

北米の冷涼な地域に自生する。寒さに強いプロストラータのほか、鮮やかな青花のコンチャ(左上)やチルシフロルス「レペンス」(右上・左中)、「ミステリー・ブルー」(右中)、淡紅色のコエルレウス(左下)などがある

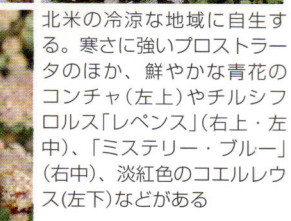

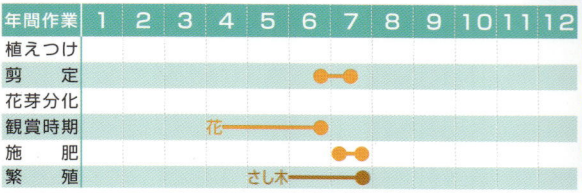

年間作業	1	2	3	4	5	6	7	8	9	10	11	12
植えつけ												
剪　定						●—●						
花芽分化												
観賞時期				花——————								
施　肥						●—●						
繁　殖			さし木—————									

セイヨウサンザシ〈西洋山樝子〉

Crataegus laevigata
バラ科ナシ亜科サンザシ属

落葉小高木〜高木(樹高5〜10m)／雌雄同株
愛らしい小花がたくさん咲く。果実もジャムなどに

　ヨーロッパ原産で高温多湿が苦手なので、夏の西日が当たらない日なたで風通しのよい場所に、堆肥や腐葉土をすき込み、排水性をよくして植えつける。夏の暑さが厳しい地域は鉢植えにして、半日陰などに移動してもよい。やや横広がりの樹形に育つが、枝先に花芽がつくので剪定は控えめに。落葉期に枝振りを見て、不要枝や花の咲かなくなった古枝を切り詰めて更新する程度でよい。

花を楽しむには「ポールススカーレット」などがよい

春に咲く

年間作業	1	2	3	4	5	6	7	8	9	10	11	12
植えつけ			●ー	ー●								
剪　定		●ー	ー●									●
花芽分化							●ー	ー	ー●			
観賞時期				花					実			
施　肥		●ー●					●ー●				
繁　殖			つぎ木						実生			

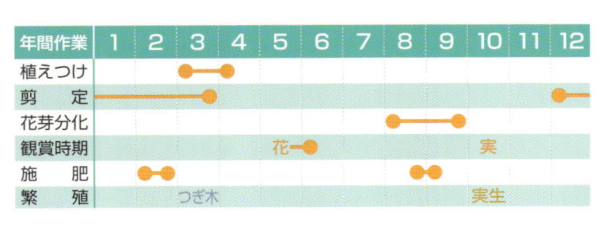

サンザシ類の実は果実酒やドライフルーツに利用することができる。写真は近縁種のオオミサンザシの熟果

セイヨウヒイラギ／ヒイラギモチ〈西洋柊／柊黐〉

Ilex aquifolium / I. cornuta

モチノキ科モチノキ属

常緑小高木(樹高4〜6m)／雌雄異株
トゲのある葉と赤い実のクリスマス飾りで親しまれる

　植えつけは3〜4月が適期。半日陰でも育つが、日なたのほうが実つきがよい。水はけがよく腐植質に富んだ、肥沃で西日の当たらない場所が適する。花芽は夏頃、充実した新梢の葉腋につくられ、翌春に開花する。実は晩秋に熟す。剪定は春か秋に。放任しても自然に樹形は整ってくる。生長は遅いものの萌芽力が強いので、大きくしたくない場合は強く刈り込む。ただし雌木は秋の剪定は控える。

ヒイラギモチ「オースプリング」：黄白色の斑が美しい品種

セイヨウヒイラギ：クリスマスホーリーやイングリッシュホーリーとも呼ばれる。クリスマスの飾りに使われる「ヒイラギ」は本種である

年間作業	1	2	3	4	5	6	7	8	9	10	11	12
植えつけ			●—	—●								
剪定			●—	—●						●—	—●	
花芽分化							●—	—●				
観賞時期										実		
施肥		●—●										
繁殖				さし木								

ヒイラギモチ：シナヒイラギ、チャイニーズホーリーとも呼ばれて、セイヨウヒイラギの代用としてクリスマスシーズンに出回る

春に咲く

チョイシア・テルナータ

Choisya ternata
ミカン科チョイシア属
落葉低木(樹高1〜2.5m)／雌雄同株
オレンジに似たさわやかで甘い香りが漂う

　株がコンパクトに育ち強剪定に耐えるので、狭い庭や寄せ植えにも適する。日当たりを好むが盛夏の午後の直射日光と寒風が避けられる場所を選び、排水性のよい肥沃な土壌に植えつける。剪定しなくても樹形が整いやすいが、伸びすぎた枝や新芽が出にくい古枝は晩秋か春に切り詰める。生長が比較的早く、高温多湿にやや弱い。枝が混み合ってきたら不要枝を整理し、樹冠内部の蒸れを防止する。

年間作業	1	2	3	4	5	6	7	8	9	10	11	12
植えつけ			●―	―●								
剪　定												
花芽分化												
観賞時期				花●	―●		花●	―●				
施　肥		●										
繁　殖			さし木 ●	―●								

−10℃くらいまで耐える。写真の品種は「アズテックパール」

春に咲く

ドウダンツツジ〈灯台躑躅、満天星躑躅〉の仲間

Enkianthus
ツツジ科ドウダンツツジ属
落葉低木(樹高1〜4m)／雌雄同株
スズランに似た愛らしい花がたわわに咲き紅葉も見事

　日当たりと排水性、保水性のよい肥沃な土壌に植えつける。苗木の植えつけ後に摘芯すると、早くこんもりと育つ。萌芽力が強く、刈り込むほどに枝が密に出るので、玉づくりなどに仕立ててもよい。剪定は花後すぐに行うが、先端の刈り込みばかり続けると樹冠内の枝数が増えすぎて、蒸れて枯れ込むことがある。落葉期の2〜3月には、徒長枝や混み合った部分の間引き剪定をするとよい。

年間作業	1	2	3	4	5	6	7	8	9	10	11	12
植えつけ										●	―	●
剪　定	●	―●	●	●								
花芽分化							●					
観賞時期		花 ●	―●							紅葉 ●	―●	
施　肥		●					●					
繁　殖				さし木								

ドウダンツツジの仲間

春に咲く

ドウダンツツジ：花色は白

近縁のベニドウダンやシロドウダン、サラサドウダンなどは刈り込んで整えるより、放任して自然樹形で楽しむほうが向く

萌芽力が強く、刈り込んで玉作りや生け垣仕立てにしやすい。刈り込みを行うと年々、枝が密生していく。写真は秋の紅葉だが、新葉や花のシーズンも楽しめる

ホンコンドウダン：中国原産の常緑樹。写真のようにとてもかわいい形の花が咲く。ドウダンツツジの花よりも大型

トベラ〈扉〉

Pittosporum tobira
トベラ科トベラ属

常緑低木(樹高2〜3m)／雌雄異株
実は球形で、中の赤い種子を小鳥が好んで食べる

　苗木の植えつけは4月下旬〜5月上旬が適期。土質はとくに選ばず、乾燥にも湿気にもよく耐える。剪定は徒長枝の切り戻し程度でよい。花は5月頃に咲き、白から黄色に変わり、芳香がある。肥料は2月頃に寒肥として少量の化成肥料を株周りに施す。病害虫の被害はほとんどないが、通風が悪い場所ではカイガラムシが発生することがあるので、発見したら必ずこすり落としておく。

年間作業	1	2	3	4	5	6	7	8	9	10	11	12
植えつけ				●—●								
剪　定			●——●									
花芽分化												
観賞時期				花								
施　肥		●										
繁　殖			実生						実生			

春に咲く

ニワウメ／ニワザクラ／ユスラウメ〈庭梅／庭桜／梅桃〉

Prunus japonica／P.glandulosa／P.tomentosa
バラ科サクラ亜科サクラ属ニワウメ亜属

落葉低木(樹高1〜3m)／雌雄同株
小柄な樹の枝いっぱいにウメやサクラに似た花が咲く

　植えつけは3〜4月。日当たりがよく、やや湿り気の多い場所に堆肥と腐葉土を多めにすき込んで植えつける。寒肥には遅効性の有機肥料を、お礼肥には化成肥料を施す。剪定は芽吹き前に古枝を更新して樹高を調節する。花後の剪定は必要ない。株立ちの数が増えすぎた場合は株分けを行う。時期は芽吹き前がよく、株の外側の前年枝を選び、はさみで根部を切り離す。この株は翌年に開花する。

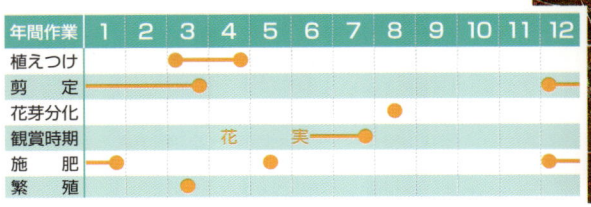

年間作業	1	2	3	4	5	6	7	8	9	10	11	12
植えつけ			●——●									
剪　定		●—●										●
花芽分化							●					
観賞時期			花		実———							
施　肥		●			●						●	
繁　殖			●									

ニワウメ/ニワザクラ/ユスラウメ

春に咲く

ニワザクラ：花色は白や淡紅色。八重咲きのものが多い。ふつう、実はつかない

ニワウメ：上のニワザクラと近縁だが、こちらは実がなり、熟すと食べられる。花は一重咲きで、花色は白や淡紅色

ユスラウメ：花は一重咲きで、花色は白。淡紅色を帯びるものもある。ニワウメと同様、サクランボを小さくしたような実がなり、熟すと食べられる。葉が黄金色の品種もある

ニワトコ〈接骨木〉

Sambucus sieboldiana
スイカズラ科ニワトコ属

落葉低木(樹高3〜5m)／雌雄同株
球形または楕円形の実は赤く熟すが、黄実種もある

　植えつけは2月下旬〜3月上旬に。日当たりのよい肥沃な場所を好む。堆肥と腐葉土を多めにすき込んで植えつけ、支柱を添えるとよい。3〜5月頃、白い小花が集まって直径25〜30cmの花房になる。実は6〜8月頃に熟す。追肥は2月頃に寒肥を施し、花後に速効性の化成肥料を株回りに浅くすき込む。とくに乾燥する時期には株回りに水鉢をつくり、十分に水を与えておく。放任しても樹形は自然に整う。

アメリカニワトコ：北米原産でアメリカンエルダーとも呼ばれる。黒紫色に熟した果実は加熱してゼリーやジャムなどに用いられる

ニワトコ：日本に自生する本種は、セイヨウアカミニワトコの亜種。赤く熟した果実は果実酒などに用いられる

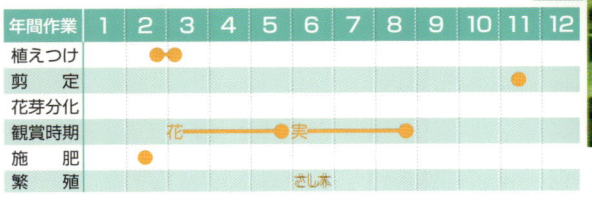

セイヨウニワトコ：欧州や西アジアに自生。エルダーとも呼ばれ、熟果は加熱してジャムなどに用いる。黒葉の品種もある

春に咲く

年間作業	1	2	3	4	5	6	7	8	9	10	11	12
植えつけ		●	●									
剪　定											●	
花芽分化												
観賞時期			花 —	—	—	実 —	—	—				
施　肥		●										
繁　殖				さし木								

ハイノキ〈灰木〉の仲間

Symplocos
ハイノキ科ハイノキ属
常緑小高木～高木(樹高5～15m)／雌雄同株
小さな葉が多数つくソフトな印象の常緑樹

ハイノキは日本の暖地の山地にも自生する常緑樹で、丈夫で育てやすい。日なた～半日陰を好むが、夏の強光にはやや弱く、西日が当たる場所で風通しが悪いと葉焼けすることがある。生長がゆっくりで放任しても端整な姿に整うので、ほとんど剪定は不要。枯れ枝や樹冠の内側に向う枝、交差する枝などを切り詰める程度でよい。株元から出るひこばえは、地際から切り詰める。

春に咲く

ハイノキの花期は4～5月頃。実は真夏～秋に黒紫色に熟す

ハイノキの斑入り葉

クロキ：日本の暖地に自生。実は秋に黒く熟す

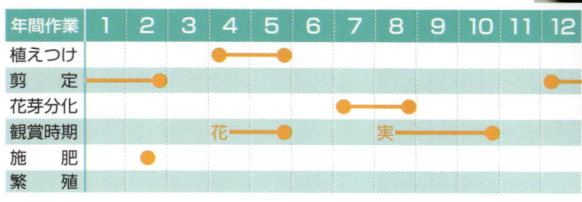

ハイノキ：繊細な枝振りでシンボルツリーとして人気。生長が遅いため、小スペースにも向く

サワフタギ：東アジアに自生。実は藍色に熟す

クロミノサワフタギ：サワフタギに似るが、実は黒く熟す

年間作業	1	2	3	4	5	6	7	8	9	10	11	12
植えつけ				●—	—●							
剪定		●—	—●									●
花芽分化							●—	—	—●			
観賞時期				花●—	—●		実●—	—	—	—●		
施肥			●									
繁殖												

ハナズオウ〈花蘇芳〉

Cercis
マメ科ハナズオウ属
落葉低木（樹高2〜5m）／雌雄同株
枝を埋め尽くす花は見事。ハート形の葉も愛らしい

　ハナズオウは中国原産で春に葉が出る前に花が咲く落葉低木だが、アメリカハナズオウは北米原産で葉と花が同時に開く落葉高木で園芸種も多い。日当たりがよく、やや湿った肥沃な土地を好む。やや横広がりに育ち、移植を嫌うので吟味して場所を選ぶ。ハナズオウは株立ち性で、放任するとブッシュ状になる。ひこばえは早めに切り、1〜2月頃に混み合った枝や古枝を間引くとよい。

花期には、幹から細枝まで花で覆われることもある

アメリカハナズオウ「アパラチアンレッド」

アメリカハナズオウ「テネシーピンク」

アメリカハナズオウ「ドーンエゴロフ」

春に咲く

年間作業	1	2	3	4	5	6	7	8	9	10	11	12
植えつけ		●—	—●								●—	—●
剪定	●—	—●										
花芽分化							●					
観賞時期			花—	—								
施肥		●			●			●				
繁殖												

ハナズオウ

春に咲く

アメリカハナズオウ「フォレストパンジー」

アメリカハナズオウ「ルビーフォールズ」

アメリカハナズオウ「シルバークラウド」：主に美しい葉色を楽しむ品種もある

ハナナシ〈花梨〉（マメナシ〈豆梨〉）

Pyrus calleryana
バラ科ナシ亜科ナシ属

落葉低木〜高木（樹高4〜9m）／雌雄同株
桜に似た姿で、海外では庭木として品種も多く人気

　大変丈夫で、成木は大気汚染や干ばつにも耐える。よく日の当たる場所を好むが、実つきは悪くなるものの半日陰でも耐える。自然樹形でも逆ピラミッド形〜大きな球形に整うので、ほとんど剪定は不要。徒長枝は、花後か落葉期に切り戻す。寒さに強く休眠した成木は－40℃に耐えるほどだが、夏の高温がやや苦手。排水性のよい土壌に植えつけ、風通しのよい環境づくりを心がける。

年間作業	1	2	3	4	5	6	7	8	9	10	11	12
植えつけ											●	━●
剪定	●━	━●										
花芽分化					●━	━━	━●					
観賞時期			花									
施肥												
繁殖												

標準和名は「マメナシ」。「ハナナシ」は別名である

ハナミズキ／ヤマボウシ〈花水木／山法師〉

Cornus florida／C.kousa

ミズキ科ミズキ属

落葉低木〜小高木（樹高3〜8m）／雌雄同株
樹形・花・実・紅葉の四拍子が楽しめる

　植えつけは落葉期に。ただし、ハナミズキの紅花種は3月が適期。土質はとくに選ばないが、日当たりと水はけのよい場所が適している。剪定は落葉期に。花芽がついていない徒長枝を切り除いて樹形を整える。肥料は2月に寒肥を、8月にリン酸とカリを多く含む肥料を株回りに与えておく。風通しが悪い場所ではウドンコ病が発生し、また、ゴマダラカミキリの被害に遭うので注意が必要。

ハナミズキの熟果。翌春に咲くつぼみもすでにできている

ハナミズキ（上）／ヤマボウシ（下）の花と実

ハナミズキ：北〜中米原産。花は4〜5月頃、葉が開き切る前に咲く。実は複数まとまってつくが、独立している。食べられない。ヤマボウシとの交配種「ハイブリッドハナミズキ」もある

ヤマボウシ：東アジア原産。花は5〜6月頃、葉が開いたあとに咲く。実は球形で、生食や果実酒に利用することができる。近縁種のホンコンエンシスやヒマラヤヤマボウシは常緑性

春に咲く

年間作業	1	2	3	4	5	6	7	8	9	10	11	12
植えつけ		●―	―●								●―	―●
剪定		●―	―●								●―	―●
花芽分化					ハナミズキ⇨			⇦ヤマボウシ				
観賞時期			ハナミズキ⇨花			花⇦ヤマボウシ				実	紅葉	
施肥		●						●				
繁殖				さし木								

ハナミズキ/ヤマボウシ

春に咲く

ハナミズキ「ルブラ」

ハナミズキ「クラウドナイン」

ハナミズキ「ホワイトキャッチ」

ハイブリッドハナミズキ「コンステレーション」

ハイブリッドハナミズキ「ステラーピンク」

ヤマボウシ「安行一才（あんぎょういっさい）」

ヤマボウシ「ウルフアイ」

ヤマボウシ「ゴールドスター」

ヤマボウシ「紅富士（べにふじ）」

ヤマボウシ「筑波の峰」

ヒマラヤヤマボウシ「マウンテンムーン」

常緑ヤマボウシ・ホンコンエンシス「月光」

常緑ヤマボウシ・ホンコンエンシス「雪帽子」

ハナモモ〈花桃〉

Prunus persica

バラ科サクラ亜科サクラ属モモ亜属
落葉低木～小高木(樹高2～8m)／雌雄同株
美しい花を観賞するモモの園芸品種

　植えつけは3月頃に。日当たりと水はけのよい場所が適しており、粘土質の土壌では生育が悪い。植え穴には堆肥と腐葉土を十分にすき込む。施肥は2月頃の寒肥、花後のお礼肥、8月下旬～9月上旬の追肥を行う。剪定は開花前の1～2月頃に。葉芽と枝元部分の花芽の区別ができるので、枝先に葉芽を2～3個残して切り戻す。4～9月にウドンコ病やケムシなどが発生するので防除する。

ホウキモモ(箒桃)

「照手白(てるてしろ)」

「照手桃(てるてもも)」

キクモモ(菊桃)

「照手紅(てるてべに)」

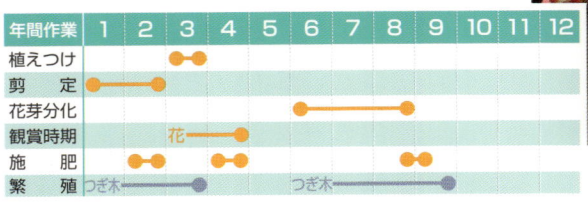

ハナモモの樹形は、普通の立ち性(下)やほうき立ち性(左上)、枝垂性(右上)とさまざま

実モモの花も美しい。左は水蜜(すいみつ)。右のボナンザピーチ(矮性)は若木のうちから実をつける

春に咲く

年間作業	1	2	3	4	5	6	7	8	9	10	11	12
植えつけ			●―●									
剪　定	●―●―●											
花芽分化					●―●―●							
観賞時期			花 ●―●									
施　肥	●―●		●―●				●―●					
繁　殖	つぎ木 ――――			つぎ木 ――――								

ハンカチノキ

Davidia involucrata
ヌマミズキ科ダビディア属

落葉小高木～高木（樹高6～15m）／雌雄同株
純白のハンカチが枝から垂れ下がるよう

　沢沿いの霧が発生するような場所に自生し、適湿で排水性と保水性のよい土壌を好む。日なた～半日陰で風通しのよい場所に、腐葉土や堆肥をたっぷりとすき込んで植えつける。木が若いうちは主幹がまっすぐに伸びるが、樹齢を重ねるにつれて上部のボリュームが増して卵形になる。ほとんど剪定は不要で、徒長枝や重なる枝を落葉期に整理する程度でよい。若木のうちは花が咲きにくい。

春に咲く

白いハンカチがぶら下がっているよう。鳩に見立ててハトノキともいう

「ソノマ」：若木のうちから花をつける品種

大きく生長すると15mほどにもなる

実は長径4cmほど。秋、緑色を帯びた褐色に熟す

年間作業	1	2	3	4	5	6	7	8	9	10	11	12
植えつけ		●	━	●							●	━●
剪定											●	━●
花芽分化												
観賞時期			花	━								
施肥												
繁殖												

ヒイラギナンテン〈柊南天〉

Mahonia japonica

メギ科ヒイラギナンテン属

常緑低木（樹高1〜1.5m）／雌雄同株
葉はヒイラギ、樹姿がナンテンに似る

　植えつけは4〜5月に。木漏れ日が差すような場所が適している。やせた土地でも育つが、寒肥として2月頃、油かすなどの有機質肥料を株回りにすき込んでおくとよい。剪定は伸びた枝葉を切り戻し、樹高を抑える程度でよい。3月下旬頃、枝先に花穂が発生して黄色い小花が房状に咲く。病害虫はほとんど発生しないが、ウドンコ病が発生した場合は殺菌剤で駆除する。

ヒイラギナンテン：日陰の庭に重宝する花木。実は6〜7月に熟す

春、黄色い小花が房状に咲く。花茎の長さは20cmほど

ホソバヒイラギナンテン：小葉が細長い。中国原産種

常緑性だが、冬の紅葉も美しい

年間作業	1	2	3	4	5	6	7	8	9	10	11	12
植えつけ				●ー	ー●							
剪定										●ー	ー●	
花芽分化							●ー	ー●				
観賞時期		花ー	ー花									
施肥	●ー●											
繁殖			実生ーーーー					実生ーー			

ナリヒラヒイラギナンテン：小葉が細長く、こんもりと茂る。矮性で小葉がさらに細長い品種'青流'も人気

春に咲く

ヒュウガミズキ/トサミズキ〈日向水木／土佐水木〉

Corylopsis pauciflora／C.spicata
マンサク科トサミズキ属
落葉低木(樹高2〜3m)／雌雄同株
端正な葉が密生するので小庭向き

　植えつけの適期は落葉期。日当たり、水はけがよく、肥沃な場所に。トサミズキは半日陰でも育つ。植え穴は大きめに掘り、堆肥や腐葉土を十分にすき込む。剪定は花が終わり次第に行う。花芽は新梢の頂芽と側芽に形成され、3月上旬、短い穂状になり、葉に先立って咲く。2月頃に完熟油かすを、花後に化成肥料を施す。風通しが悪い場所ではウドンコ病が発生するので薬剤で防除する。

春に咲く

トサミズキ：樹・花ともにヒュウガミズキより大型になる

ヒュウガミズキ：株立状で半球形に広がる。生け垣にも

左：ヒュウガミズキ、右：トサミズキ

年間作業	1	2	3	4	5	6	7	8	9	10	11	12
植えつけ	●	●	●								●	●	●
剪定				●|●|●							
花芽分化						●	●	●	●				
観賞時期		花										
施肥	●	●		●	●	●							
繁殖				さし木								

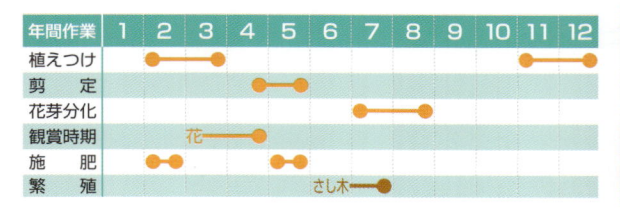

ニオイトサミズキ：中国原産。花に芳香がある

フジ〈藤〉

Wisteria floribunda

マメ科フジ属

落葉つる性木本（つる長2〜10m）／雌雄同株
庭木としては、ノダフジとヤマフジが主流

　植えつけは3月中〜下旬に。日当たりのよい場所を選び、長い巻き根を切り詰めずに植えつける。乾燥に弱いので、水辺などの湿潤な場所が適している。剪定は7月に新枝の伸長を止め、11〜12月には丸い花芽を残して整枝する。花芽は枝元の短枝にでき、翌年の4〜6月に開花する。肥料は2月頃に緩効性の有機質肥料を株元にすき込む。8〜9月には化成肥料を施す。

春に咲く

フジ（ノダフジ）：生育旺盛で、上の写真のようにさまざまな形に仕立てられる。花穂の長さは20cm以上。つるは右巻き

花後には豆果ができ、10月頃に熟す

フジ「白花美短（シロカビタン）」

フジ「八重黒龍（ヤエコクリュウ）」

年間作業	1	2	3	4	5	6	7	8	9	10	11	12
植えつけ			●—	—●								
剪　　定							●——●				●——●	
花芽分化					●——●							
観賞時期				花——————●								
施　　肥	●——●						●——●					
繁　　殖	さし木 ●——●				さし木 ●——●			実生 ●——●				

ヤマフジ：山野に自生するが栽培もされる。花穂の長さは15〜20cmほど。つるは左巻き

ボケ／クサボケ〈木瓜／草木瓜〉

Chaenomeles lagenaria／C.japonica

バラ科ナシ亜科ボケ属

落葉低木（樹高0.3〜2m前後）／雌雄同株
雄花と両性花が咲き、実になるのは両性花

植えつけは10〜11月に。春と9月頃は根頭癌腫病（こんとうがんしゅびょう）にかかりやすい。日当たりがよく、適湿な場所を選び、堆肥や腐葉土をすき込んで植えつける。剪定は花後に徒長枝の切り戻しを。11月には葉芽と花芽が識別できるので整枝を主に行う。肥料は9月に化成肥料を、寒肥には緩効性の有機質肥料などを施す。春から初夏にかけてアブラムシが多発するので、薬剤で駆除する。

春に咲く

ボケ：中国原産。花期は3〜4月頃。冬に咲く寒ボケもある

白、紅、朱、淡黄など花色はさまざま。咲き分けもある

雄しべが目立つ雄花（左写真中央）と両性花（同右上）が咲く。実がなるのは両性花。実は渋いが香りがよく、果実酒などに利用できる

トゲナシボケ：トゲがなく、扱いやすい。「Orange Storm」（左）、「Pink Storm」（右）などの品種がある

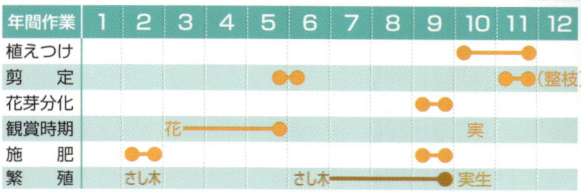

年間作業	1	2	3	4	5	6	7	8	9	10	11	12
植えつけ										●—●		
剪定					●—●						●—●（整枝）	
花芽分化							●—●					
観賞時期			花———————●							実		
施肥		●—●							●—●			
繁殖		さし木			さし木————————●				実生			

クサボケ：日本に自生するボケの仲間で矮性。花期は4〜5月頃

ボタン〈牡丹〉

Paeonia suffruticosa
ボタン科ボタン属
落葉低木(樹高1〜3m)／雌雄同株
通常は1〜2mに仕立てて豪華な大輪を楽しむ

　植えつけは9月中旬〜10月に。日当たり、水はけがよく、肥沃な場所を選ぶ。植えつけ時に堆肥や完熟油かすを十分に施す。株立ちが自然樹形なので剪定で樹高を抑え、台木がシャクヤクの場合は必ず台芽をかき取る。花芽の分化は7月頃に始まる。10月になると花芽と葉芽が識別できるので、1本の枝に花芽を2つ残して切り戻す。花数を増やすと株が衰弱しやすい。

春に咲く

「麟鳳（りんぽう）」

「島大臣（しまだいじん）」

「太陽」

原種の一つ、Paeonia rockii（紫斑牡丹）

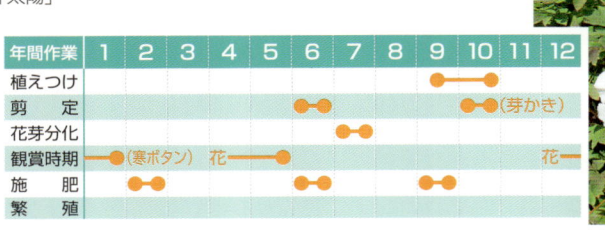

「ハイヌーン」

年間作業	1	2	3	4	5	6	7	8	9	10	11	12
植えつけ									●―●			
剪　定										●―●(芽かき)		
花芽分化						●―●						
観賞時期	●―●(寒ボタン)		花―●							花―		
施　肥	●―●				●―●			●―●				
繁　殖												

ボタン

冬に花を咲かせる寒ボタン。さまざまな花色がある

ボタンとシャクヤクの違い：ボタンは木本性で、幹が木質（左写真）。一方のシャクヤクは草本性で、幹が木質化しない（右写真）

春に咲く

ミヤマシキミ 〈深山樒〉

Skimmia japonica
ミカン科ミヤマシキミ属
常緑低木（樹高約0.5m）／雌雄異株
香りのよい小花と紅色に熟す実を観賞する

　植えつけの適期は3〜4月。強い直射日光が当たらない半日陰の場所を選ぶ。植え穴には堆肥や腐葉土を十分にすき込む。5月に入ると、枝先に香りのよい多数の白い小花が集まって咲く。雌雄異株で、雄花は4本の雄しべが、雌花は1本ある雌しべが目立つ。雌花の後にできる実は、紅色に熟して美しい。ただし、有毒なので食べないこと。1〜2月に緩効性の化成肥料を株回りに施す。

年間作業	1	2	3	4	5	6	7	8	9	10	11	12
植えつけ			●—	—●								
剪定			●—	—●								
花芽分化								●—	—	—●		
観賞時期	●—	—	— 花 —	—	—●					実 —	—●	
施肥	●—	—●										
繁殖				実生			さし木					

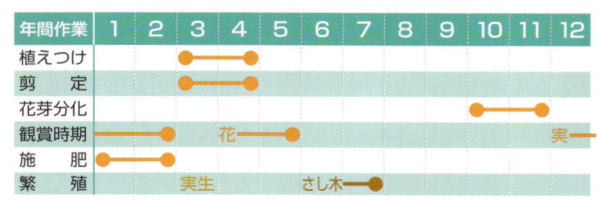

花色は白。つぼみが紅色の品種「ルベラ」もある

ムレスズメ〈群雀〉

Caragana chamlagu
マメ科ムレスズメ属
落葉低木(樹高約2m)／雌雄同株
枝に密集して咲く花をスズメの群れに見立てた命名

　多数の細い枝が束状に生える樹形が庭木に向いている。植えつけの適期は2〜3月。植え穴には堆肥や腐葉土を十分にすき込んでおく。気温の上昇とともに葉腋から細く短い花柄が発生し、4〜6月頃にマメ科特有の蝶形花が垂れ下がって咲く。夏の乾燥時には水やりを。剪定は落葉期に徒長枝を切り詰める程度。2月頃、化成肥料を少量、株回りに浅くすき込んでおくとよい。

春に咲く

花期は4〜6月頃。黄色の蝶形花が咲き、咲き終わりが近づくと褐色を帯びてくる。その姿は、まさに「群れて飛ぶ雀」のよう

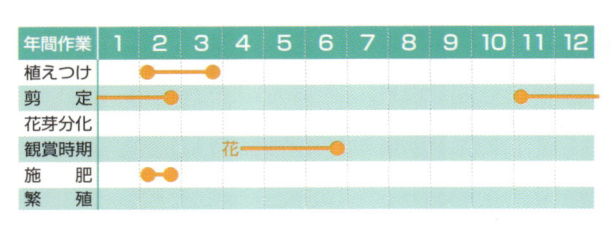

年間作業	1	2	3	4	5	6	7	8	9	10	11	12
植えつけ		●—	—●									
剪　定		●—	—●								●—	—●
花芽分化												
観賞時期				花		●						
施　肥		●—●										
繁　殖												

メギ〈目木〉

Berberis thunbergii
メギ科メギ属

落葉低木(樹高1〜2m)／雌雄同株
葉色の美しい園芸種が多い。刈り込んで好みの樹形に

　日なたを好む。紅葉が美しい種は日当たりが悪いと葉色の美しさが半減するが、葉色の薄い種などは夏の西日が長時間当たると葉焼けを起こすことがある。本来は暖地性なので寒風を避け、排水性のよい肥沃な土壌に植えつける。萌芽力が強く、しだいに細枝や古枝が増えて樹冠内が蒸れたり、株の内部に光が届かずに葉色が悪くなったり下葉が落ちたりする。混み合った部分は枝を透いて整える。

春に咲く

「オーレア」

「ゴールデンリング」

「コラリナ・コンパクタ」(矮性)

「スペルバ」

「ハーレクイン」

「ローズグロー」

花や葉の色のバリエーションが豊富。「アトロプルプレア」は日本に自生するメギの園芸品種。矮性の「アトロプルプレア・ナナ」もある

年間作業	1	2	3	4	5	6	7	8	9	10	11	12
植えつけ			●	─	●							
剪定	●	─	─	─	(生長期に刈り込み)							
花芽分化												
観賞時期				花	─	●						
施肥	●	─	●					●				
繁殖					さし木							

ヤナギ〈柳〉

Salix
ヤナギ科ヤナギ属

落葉低木〜高木(樹高2〜20m)／雌雄異株
おなじみのネコヤナギのほかにも個性派いろいろ

　日本にも多く自生する丈夫な花木。日なたとやや湿り気のある土壌を好む。ネコヤナギのように花穂を楽しむ種は放任してもよいが、不要枝は夏前に切り詰め、古枝や混み合った部分は根元から間引く。新芽の美しさが際立つ「ハクロニシキ」は、イヌコリヤナギの園芸品種。萌芽力が強いのでスタンダード仕立てにも向く。新芽の美しい時期は剪定せず、6月中旬以降に少しずつ刈り込むとよい。

メガネヤナギ(マガタマヤナギ)：葉が輪のように丸まる

春に咲く

イヌコリヤナギ「白露錦(ハクロニシキ)」

イヌコリヤナギは、日本の川岸や湿地でもごく普通に自生する。下部からよく分枝し、大きいものは6mほどに

ライラック

Syringa vulgaris

モクセイ科ハシドイ属

落葉低木～小高木(樹高4～7m)／雌雄同株
フランス語の「リラ」でも親しまれる香りのよい花

　植えつけは2月中旬～3月に。日当たり、水はけのよい場所を選ぶ。朝晩の気温差が大きい地方でよく育ち、関東以西の暖地は不適。乾燥を嫌うので、植え穴には堆肥と腐葉土を十分にすき込む。剪定は2月頃、樹冠の中に日光が差し込むように枝を間引き、徒長枝は切り詰める。4～5月に上部の側芽から多数の花が咲いて芳香を放つ。2月頃にリン酸分の多い肥料を施す。

春に咲く

「センセイション」

「チャールズ・ジョリー」

「プリムローズ」

「ミッシェル・ブッチャー」

「レッドピクシー」

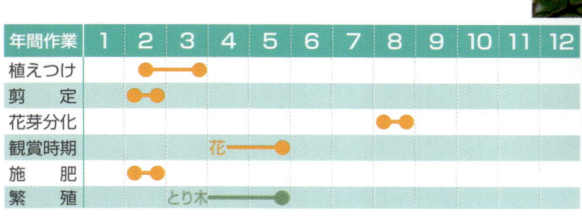

若木のうちから花をつける品種も多い

ハシドイ：日本に自生するライラックの仲間。大きな白い花穂をつける

年間作業	1	2	3	4	5	6	7	8	9	10	11	12
植えつけ		●-	-●									
剪定		●-●										
花芽分化							●-●					
観賞時期				花----								
施肥		●-●										
繁殖			とり木----									

リキュウバイ〈利休梅〉

Exochorda racemosa
バラ科シモツケ亜科ヤナギザクラ属

落葉低木(樹高2〜4m)／雌雄同株
茶花にも用いられ、名は茶人の千利休にちなむ

　植えつけは厳寒期を除く落葉期に。日当たり、水はけのよい肥沃な場所を選ぶ。植え穴には堆肥や腐葉土を十分にすき込む。剪定は1〜2月頃に。低木だが横に広がりやすいので、長い枝はつけ根から10cmほど残して切り戻す。ひこばえはつけ根から切り除く。花期は5〜6月で、直径3〜4cmの丸弁の白花が頂部に数輪集まって咲く。花後か12〜1月頃に窒素とリン酸を多く含む肥料を少量施す。

春に咲く

年間作業	1	2	3	4	5	6	7	8	9	10	11	12
植えつけ											●	●
剪　定	●	●										
花芽分化												
観賞時期				花								
施　肥	●					●	●				●	
繁　殖			●さし木・とり木・実生									

バラ科シモツケ亜科で、バイカシモツケ、ウメザキウツギ、マルバヤナギザクラなどの別名がある

リンゴ〈林檎〉(クラブアップル)

Malus
バラ科リンゴ属

落葉低木～小高木(樹高2.5～7m)／雌雄同株
清楚な花と愛らしい果実、目も舌も楽しめる

春に咲く

日なたを好み、低温には強いが高温多湿に弱い。真夏の直射日光と西日は避け、水はけのよい肥沃な土壌で、風通しがよい場所を選んで植えつける。多くは1本でも結実するが、2本以上あればなおよい。8号以上の大鉢でも栽培可能で、季節に応じて環境のよい場所に移動して育ててもよい。剪定しなくてもよいが、枝が増えて混み合ってくると蒸れて病害虫が発生しやすくなるので間引く。

小庭向きの品種

クラブアップル(ハナリンゴ)：花色は白～紅。実は直径1～3cm程度で、生食できる品種もある。品種は「ゴージャス」「プロフュージョン」「ルモアン(レモイネ)」「レッドジェイド」など

バレリーナツリー：果物のリンゴと同じ形態。「ポルカ」「ボレロ」「メイポール」「ワルツ」の4品種があり、メイポール以外は生食できる

ヒメリンゴ：実カイドウとも呼ばれる。実は渋く、食用には向かない

クラブアップル「ゴージャス」

クラブアップル「プロフュージョン」

クラブアップル「レッドジェイド」

クラブアップル「レモイネ(ルモアン)」

バレリーナツリー「ワルツ」

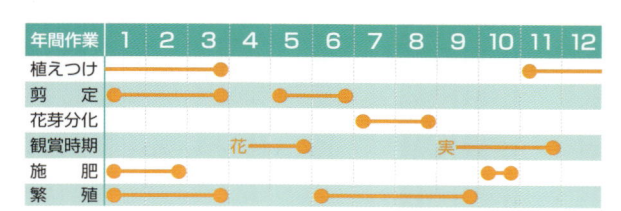

自然樹形(左上)でもよいが、壁や塀に誘引するエスパリエ仕立て(右上)やアーチ仕立て(下)でも楽しめる

ヒメリンゴ

年間作業	1	2	3	4	5	6	7	8	9	10	11	12
植えつけ			●━━━━━●								●━━━●	
剪定	●━━━━━━━━●											
花芽分化						●━━━━━●						
観賞時期				花 ●━━━●				実 ●━━●				
施肥	●━━━●											
繁殖			●━━━━━━━━━━━━━●									

レンギョウ〈連翹〉

Forsythia
モクセイ科レンギョウ属
落葉低木(樹高2.5m)／雌雄同株
地面に接した枝から発根するほど繁殖力が強い

　植えつけは落葉期に。日当たり、水はけのよい場所であれば、とくに土質は選ばずに育つ。植え穴には堆肥と腐葉土を十分にすき込む。性質が強く、刈り込みによく耐えるので、好みの樹高に仕立てるとよい。花芽は夏頃、新梢のほぼ全面に分化する。剪定は花が終わり次第、半球形に刈り込むが、古株の場合は老化した枝を地際から切り除いて、株の更新を図るとよい。

ヤマトレンギョウ：日本原産だが自生地では絶滅危惧種

「バリエガタ」：新葉が美しい斑入りの品種

春に咲く

よく見かけるのは中国原産のシナレンギョウや朝鮮半島原産のチョウセンレンギョウで、それらの交配種も多い。萌芽力があり、自然樹形のほかにさまざまな仕立て方ができる

年間作業	1	2	3	4	5	6	7	8	9	10	11	12
植えつけ		●—●									●—●	
剪　　定				●—●								
花芽分化						●—●						
観賞時期			花——									
施　　肥	●—(株を更新する年)—●											
繁　　殖				さし木——								

アジサイ〈紫陽花〉の仲間

Hydrangea
アジサイ科アジサイ属

落葉低木(樹高2m)／雌雄同株
梅雨期の花として、初夏を彩る代表的な花木

植えつけは春と秋が適期。日当たり、排水がよく、腐植質に富む肥沃な場所。寒風が防げるところが理想。植え穴には堆肥を十分にすきこむ。植えつけ後は根元にピートモスや腐葉土、ワラなどを敷いて乾燥を防ぐ。剪定は花後できるだけ早く。花芽は秋、新梢の頂部2～3節目につくられるので、秋までに充実した新梢を育てる。放任しても樹形はよく整い、花を咲かせる。1～2月に寒肥を施す。

春から夏にかけて咲く

アジサイ：日本に自生するガクアジサイの変種。ガクアジサイでは両性花の周りを装飾花が囲んでいるが、アジサイはすべてが両性花。ヨーロッパで改良された品種群をセイヨウアジサイ、ハイドランジアと呼ぶ

アジサイ「グリーンシャドウ」

アジサイ「ミセスクミコ」

アジサイ「黄金葉」

アジサイ「レモンウェーブ」

ウズアジサイ：萼片(がくへん)の縁が丸まったアジサイの変種

ガクアジサイ「キララ」

ガクアジサイ「三河千鳥」

ガクアジサイ「城ヶ崎」

ガクアジサイの装飾花

ガクアジサイの両性花

年間作業	1	2	3	4	5	6	7	8	9	10	11	12
植えつけ			●—	—●				●—	—●		
剪定						●—	—●	●(樹高調整)			
花芽分化								●—	—●		
観賞時期					●—	—●					
施肥	●—	—●										
繁殖		さし木		さし木						

アジサイの仲間

ヤマアジサイ：日本に自生。湿り気の多い林縁などに生えている。その一種の葉を発酵させて煎じたものを「甘茶」として用いるが、アジサイは有毒なので、素人は行わないこと

ヤマアジサイ「甘茶（アマチャ）」

ヤマアジサイ「大甘茶（オオアマチャ）」

ヤマアジサイ「ゴールデンサンライト」

ヤマアジサイ

アメリカノリノキ：北米原産。アメリカアジサイともいう。個々の花は小さめだが、集まって大きな球形となる

アメリカアジサイ「アナベル」

アメリカアジサイ「インクレディボール」

アメリカアジサイ「ピンクのアナベル」

ガクウツギ：関東以西の山林など半日陰地に自生

コアジサイ：日本に自生。湿り気の多い林縁などに生えている。花は白または淡青色の両性花のみ

春から夏にかけて咲く

アジサイの仲間

春から夏にかけて咲く

カシワバアジサイ：北米原産。カシワに似た大きな葉と円錐型の花房が特徴

花が淡紅色の品種もある

カシワバアジサイ「リトル ハニー」

カシワバアジサイの紅葉

タマアジサイ：本州北〜中部の湿り気の多い林縁などに自生。つぼみは苞に包まれて玉のよう。秋頃、その玉を割るように花が咲く

ノリウツギ：日本に自生。湿り気の多い林縁などに生えている

ノリウツギ「ピンクファンタジー」

ノリウツギ「ミナヅキ」

常葉アジサイ「銅葉」：台湾常葉アジサイなど、常緑性のものもある。写真は葉が美しい銅葉の品種

常山アジサイ：アジサイ科ディクロア属で常緑性。花期は初夏。花後にできる藍色の実も美しい

イワガラミ：アジサイ科イワガラミ属。花期は初夏。根を出して付着しながら、岩や幹を這い上る

イボタノキ／ネズミモチ〈水蠟の木／鼠黐〉

Ligustrum obtusifolium／L.japonicum

モクセイ科イボタノキ属

半常緑／常緑低木（樹高1〜3m）／雌雄同株
刈り込みにも耐え、大気汚染に強い樹種

　植えつけはイボタノキは落葉期、ネズミモチは春か秋に。日当たり、水はけのよい肥沃な場所が適するが、半日陰でも育つ。花は新梢の先につく。萌芽力が強く、強い刈り込みにも耐えるので、生け垣などに利用される。年2回、花後と冬に刈り込みを行い、樹冠を整える。病害虫はハマキムシ、カイガラムシ、ウドンコ病などが発生する。施肥は2月に化成肥料を根元周りにばらまく程度でよい。

シルバープリベット：セイヨウイボタ（プリベット）と混同されているが、チャイニーズプリベットの斑入り種。常緑性で葉の白斑は一年中見られる。セイヨウイボタは半常緑性。寒冷な地域では冬に落葉する

イボタノキ：日本に自生。樹皮につくカイガラムシの一種、イボタロウムシから蝋物質が採れる。イボタノキ・シルバープリベット・セイヨウイボタはいずれも萌芽力があるので、自然樹形のほか、生け垣や半球形の玉作りに仕立てることができる

春から夏にかけて咲く

ネズミモチ・トウネズミモチ：庭木としては、斑入り種を用いる。花にはミツバチやチョウなどさまざまな昆虫が訪れる

年間作業	1	2	3	4	5	6	7	8	9	10	11	12
植えつけ			イボタ								イボタ	
				ネズミモチ				ネズミモチ				
剪定					それぞれの花後と⇨							
花芽分化		イボタ			ネズミモチ							
観賞時期				イボタ花								
				ネズミモチ花								
施肥												
繁殖			実生		さし木							

ウツギ〈空木〉の仲間

Deutzia

ユキノシタ科ウツギ属
落葉低木(樹高1～3m)／雌雄同株
たわわに花を咲かせ、日本の山野でも多くが見られる

　日当たりを好むが半日陰でもよく育ち、大鉢植えでも楽しめる。丈夫で刈り込みに強く、病害虫の心配も少ないので生け垣にも適する。花芽は8月頃にできるので、剪定は花後に、細く不要な枝や伸びすぎた枝を切り詰める。大きく育ちすぎた株や樹形が乱れた株は、冬に古枝を株元から切り戻したり混み合った部分を間引いたりして、育てる場所に合わせてボリュームを整える。肥料はほとんど不要。

春から夏にかけて咲く

ウツギ：日本に自生。花期は5～7月。枝垂れる姿を生かした自然樹形で楽しむ。萌芽力があり、刈り込みに強いので生け垣などにも仕立てられる

ウツギ(空木)の名は、枝が中空になることから

年間作業	1	2	3	4	5	6	7	8	9	10	11	12
植えつけ			●―	―●								
剪　　定						●―	―●					●
花芽分化							●―	―●				
観賞時期				花―	―●							
施　　肥												
繁　　殖			さし木			さし木						

ウツギの仲間

ヤエウツギ（白花）

サラサウツギ

マルバウツギ：関東以西の山地に自生。花期は5～6月頃

ヤエウツギ（白花）とサラサウツギ（白地に淡紅色のぼかし）はウツギの八重咲き種

ヒメウツギ：日本に自生。矮性で樹高は50cm程度。花期は4～5月頃で、香りも楽しめる。右写真は黄金葉の園芸品種「バリエガタ」

常葉ウツギ「雪姫」：常緑性。4月下旬～5月頃に純白の花が咲く

ウツギ「ピンクポンポン」：園芸品種。花は八重咲きで、満開になるとその名のとおりピンク色のポンポンのようでかわいらしい。花期は5～7月頃

ウツギ・グロメルリフロラ：中国原産種

春から夏にかけて咲く

エゴノキの仲間

Styrax / Pterostyrax / Halesia

エゴノキ科エゴノキ属／アサガラ属ハレシア属など
落葉低木〜小高木（樹高4〜6m）／雌雄同株
群がる白花が初夏を告げる

植えつけは落葉期に。半日陰の腐植質に富む、水はけのよい場所が適している。植え穴には堆肥や腐葉土を十分にすき込み、高植えにする。花芽は基部の充実した短枝の葉腋につくられ、長く伸びた徒長枝にはつかない。剪定の適期は12〜2月。徒長枝は枝元から4〜5芽残して切り詰め、枝の混みすぎた部分は間引き、樹形を整える。害虫は初夏〜秋にミノムシやテッポウムシがつく。

春から夏にかけて咲く

エゴノキ「ピンクチャイムズ」

エゴノキ「レディベル・コンパクタ」

ハクウンボク：東アジアに自生。花期は5〜6月頃

エゴノキ：日本に自生。花期は5〜6月頃。シダレエゴノキや「エメラルドパゴダ」「スカーレットチャイム」などの園芸品種もある

アメリカアサガラ：北米原産。花期は4〜5月頃

オガタマノキ／カラタネオガタマ〈招霊木／唐種招霊〉

Michelia compressa / M.figo

モクレン科オガタマノキ属
常緑低木（樹高3〜5m）／雌雄異株
バナナを思わせる甘い芳香が強く漂う縁起木

　移植を嫌うので、育てたい大きさを考慮して慎重に場所を選び、よく育苗されて根が育った株を根鉢を崩さずに植えつける。花芽は7〜8月頃、前年枝の先端付近から出る当年枝の中程に多くできる。剪定は花後すぐから6月頃に、混み合った部分や徒長枝を切り詰める程度でよい。木が若いうちは徒長枝が多く花芽ができにくいため、つけ根か3〜5芽を残して切り詰め、新梢を多く出させる。

カラタネオガタマ：中国原産。花期は5〜6月頃。バナナのような甘酸っぱい芳香を周囲に漂わせる。秋にも咲く二季咲き性の品種もある。近縁のオガタマノキは神社などに植えられる常緑高木

春から夏にかけて咲く

カラタネオガタマ「ポートワイン」

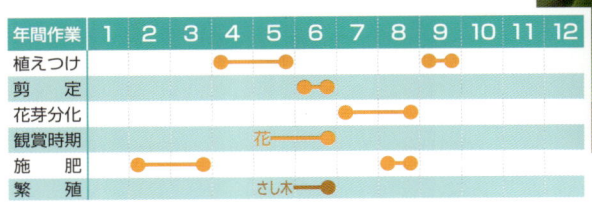

カラタネオガタマ「パープルクイーン」：二季咲き性

年間作業	1	2	3	4	5	6	7	8	9	10	11	12
植えつけ				●—●				●—●				
剪　　定					●—●							
花芽分化							●—●					
観賞時期				花——								
施　　肥	●—●						●—●					
繁　　殖				さし木——								

ウンナンオガタマ：中国原産の常緑低木。花期は3〜4月頃。純白の花が咲く

オリーブ

Olea europaea
モクセイ科オリーブ属

常緑小高木〜高木（樹高5〜15m）／雌雄同株
葉裏が銀白色で軽やかな印象。庭を明るく演出する

　よく日の当たる場所を好み、陽光が不足すると生育が悪くなる。浅根性で強風で倒れやすいため、支柱を。鉢植えだと管理しやすいが、開花結実させるには、冬に平均気温が10℃以下の低温に遭わせる。萌芽力が強く刈り込みに耐えるので、スタンダード仕立てや生け垣にも向く。自然樹形で整うが、不要な枝は2月頃に透く。多湿を嫌うので、排水性のよい土壌でやや乾かし気味に管理を。

春から夏にかけて咲く

「コレッジョラ」：イタリアの主要品種でオイル向き

「ネバディロブランコ」：花粉が多く出る。オイル向き

「マンザニロ」：実が大粒で柔らかく、漬けもの向き

「ミッション」：日本の主要品種。オイル・漬けものに

5〜6月頃に花が咲き、芳香を周囲に漂わせる

　実を利用するにはひと手間がかかる。未熟果の塩漬けは収穫後すぐに2%ほどの水酸化ナトリウム水溶液に半日漬けて渋を抜き、2日間、数時間ごとに水を換え、水が澄むまで洗う。それから2%の塩水に漬け、さらに4%の塩水に漬けて冷蔵庫で保存して、ようやく完成。また、オリーブオイルを取るには洗った熟果を袋に入れてつぶし、1〜2時間ほどもむ。液体を漉し、瓶に集めてしばらく置き、上澄みのオイルだけをすくって完成

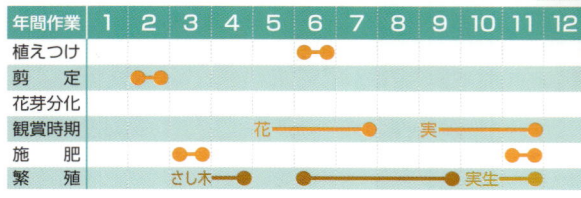

年間作業	1	2	3	4	5	6	7	8	9	10	11	12
植えつけ					●━●							
剪定		●━●										
花芽分化												
観賞時期					花━━━━━			実━━━━				
施肥		●━●								●━●		
繁殖			さし木━━				実生━━					

多くの品種は「自家不結実性」で、実をならせるには2品種以上を一緒に育てる必要がある。「ミッション」「セビラノ」「アルベクイナ」は1本でも比較的実がなりやすい

カナメモチ〈要黐〉

Photinia glabra
バラ科ナシ亜科カナメモチ属
常緑小高木〜高木(樹高5〜10m)／雌雄同株
鮮やかな赤色で光沢のある若葉が魅力

　植えつけは春と秋が適期。日当たり、水はけのよい、肥沃で適湿な場所を好む。鮮やかな若葉の色彩が見どころ。年2回ほど、3月と8月に刈り込み、春秋の美しい葉色を楽しむ。萌芽力があり、刈り込みにも耐える。生け垣などに利用されるが、一度に強く刈ると枝枯れを起こすことがあるので、軽くこまめに行う。病害虫はイラガや褐斑病などが発生するので定期的に防除する。

花期は5〜6月頃。集合花の印象がソバの花に似ているため、ソバノキとも呼ばれる

春から夏にかけて咲く

萌芽力が強い。春の芽出しが色あせてきても、年に2〜3回は剪定を行うことで赤い新葉が楽しめる。紅色の濃いものをとくにベニカナメというが、現在見られるものの多くは、海外で作出されたセイヨウカナメ

セイヨウカナメ「レッドロビン」：カナメモチとオオカナメモチとの交配種。ベニカナメより病気に強い

三重カナメ「スカーレットパール」：日本で作出された、より美しく病気に強いセイヨウカナメの品種(写真は若木)

年間作業	1	2	3	4	5	6	7	8	9	10	11	12
植えつけ				●――	―●				●―	―●		
剪　定			●―●					●―●				
花芽分化								●―●				
観賞時期				若葉				●―	―●			
施　肥	●――●											
繁　殖		さし木			さし木							

カマツカ 〈鎌柄〉

Pourthiaea villosa var. laevis
バラ科ナシ亜科カマツカ属
落葉低木(樹高2〜5m)／雌雄同株
野趣がある赤い実は野鳥の好餌に

　植えつけは春と秋が適期。日当たり、水はけのよい場所を好む。植え穴は大きめに掘り、堆肥や腐葉土を十分にすき込んでおくと実つきがよくなる。春、前年枝の先に花を咲かせ、実は秋に熟す。芽吹きがよく、枝元や根元から不定芽が出やすい。不要なものは見つけ次第かき取る。剪定は落葉期。不要な枝を整理し、長く伸びた枝は切り詰める。病害虫は、アブラムシや斑点病などが見られる。

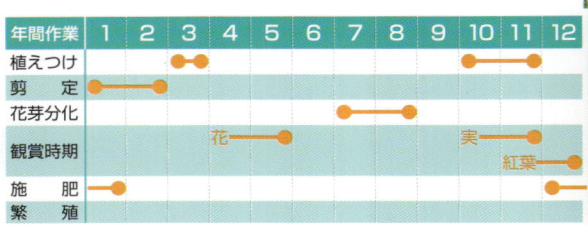

年間作業	1	2	3	4	5	6	7	8	9	10	11	12
植えつけ			●―●							●―●―●		
剪定	●―●―●											●
花芽分化							●―●―●					
観賞時期			花―●―●					実―●―●				
											紅葉―●	
施肥	●―●―●											●
繁殖												

春から夏にかけて咲く

カリン／マルメロ 〈榠樝／榲桲〉

Chaenomeles sinensis ／ Cydonia oblonga
バラ科ナシ亜科ボケ属／マルメロ属
落葉低木〜小高木(樹高3〜8m)／雌雄同株
黄熟して芳香のある実は果実酒に

　植えつけは落葉期に。日当たり、水はけのよい腐植質に富んだ肥沃な場所が適している。花芽は夏に充実した短枝の頂部につくられ、翌春開花する。長い枝には花芽はつかない。剪定は落葉期の12月から2月上旬。不要枝は整理し、長い枝は基部から5〜10芽残して切り詰め、短枝を育てる。肥料は2月と9月に施す。病害虫は赤星病、アブラムシなど多く発生する。定期的に薬剤を散布して防除する。

年間作業	1	2	3	4	5	6	7	8	9	10	11	12
植えつけ		●―●―●									●―●―●	
剪定	●―●											●
花芽分化					●―●―●							
観賞時期				花―●―●			実―●―●―●					
施肥		●―●							●―●			
繁殖		つぎ木										
		実生										

84

カリン/マルメロ

カリン：中国原産。花芽は枝元近くから出る短枝の先にできる。花期は4〜5月頃。雄花と両性花が咲く。自家受粉する。実は無毛で表面はつるっとしている。葉の縁に細かいぎざぎざ（鋸歯）がある

マルメロ：中央アジア原産。花芽は前年に伸びた枝の先にできる。花期はカリンとほぼ同じかやや遅い。自家受粉しないので、結実にはカリンかナシなど近縁種からの受粉が必要。未熟果の表面には綿毛がある。葉の縁は滑らか

春から夏にかけて咲く

カリンの幹。樹皮が剥がれて幹肌は滑らか。一方、マルメロの幹は樹皮が剥がれないため幹肌は荒い

カリンは樹高5〜10mになるが、マルメロはカリンより低く、4〜5m止まり

キササゲ〈木大角豆〉

Catalpa ovata

ノウゼンカズラ科キササゲ属
落葉小高木〜高木（樹高6〜10m）／雌雄同株
ササゲに似た果実は利尿剤に用いられる

　植えつけは落葉期に。日当たり、水はけがよく、強い風の当たらない場所を好む。植え穴は大きめに掘り、十分に腐葉土をすき込んでおく。花は6〜7月に枝先に多数咲かせ、10月頃に30cmくらいの長いさやを下垂させる。剪定は2〜3月に、不要枝を整理する程度。放任しても樹形は整うが、大きくなりすぎたら強く切り詰めてもよい。病害虫はほとんど見られない。

春から夏にかけて咲く

アメリカキササゲの花

アメリカキササゲ「オーレア」の花

アメリカキササゲ：北米原産。淡黄色の花が咲く。「オーレア」は葉色の美しい品種で、花色は白

ハナキササゲ：北米原産。花色は白。キササゲは樹高が10mにも生長し、また枝も横に張るため、広いスペースが必要

ハナキササゲの花

マメ科のササゲのようなサヤ

年間作業	1	2	3	4	5	6	7	8	9	10	11	12
植えつけ		●—●—●									●—●	
剪定		●—●—●										
花芽分化												
観賞時期					花—●—●			実				
施肥		●—●										
繁殖			実生		さし木							

ギョリュウバイ〈御柳梅〉

Leptospermum scoparium
フトモモ科ネズモドキ属

常緑低木（樹高3～5m）／雌雄同株
群がって咲くウメに似た小花と香りのある葉が魅力

　暖地性なので、植えつけは気温が安定する4～5月と9月が適期。日当たり、水はけのよい、寒風の当たらない場所が適している。土質はとくに選ばない。剪定は花の終わった直後に刈り込んで、コンパクトに保つようにする。秋には花芽ができているので、適期を逃さないように。肥料は春と秋に緩効性化成肥料をひと握り、根元にばらまく程度でよい。強健で、病害虫はほとんど見られない。

花色は白～淡紅～紅色。上の写真は八重咲きだが一重咲きの品種もある

枝葉がヒノキ科のネズに似ていることから、ネズモドキとも呼ばれる

春から夏にかけて咲く

原産地では高木になるものもあるが、日本で見かける品種は小低木。常緑樹だが秋には紅葉する。花は冬～春に咲く

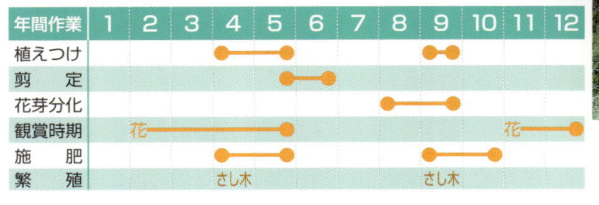

よく鉢ものが出回るが、関東南部以西であれば庭植えで越冬する。英名はニュージーランド・ティーツリーやマヌカ。この花から採れるハチミツ「マヌカハニー」は健康食品として知られる

年間作業	1	2	3	4	5	6	7	8	9	10	11	12
植えつけ				●—	—●				●			
剪定					●—	—●						
花芽分化							●—	—●				
観賞時期	花—	—●								●—	—花
施肥			●—	—●			●—	—●				
繁殖				さし木				さし木				

キリ〈桐〉

Paulownia tomentosa
ゴマノハグサ科キリ属

落葉高木(樹高8〜10m)／雌雄同株
桐箪笥や桐下駄の材料、家紋の意匠として有名

植えつけは落葉期に。日当たり、水はけのよい、肥沃な場所が適している。花芽は夏頃、枝先につくられ、翌年5月に紫の花を咲かせる。剪定は落葉期に。枝数は少ないが長く伸び、樹冠が大きくなるので、切り詰めて整理する。樹冠を切り詰める際は、枝の途中ではなく必ず枝元から切る。病害虫では、てんぐす病がよく見られる。早めに見つけて冒された枝を枝元から切り取ること。

キリ 　　　　　　　　　タイワンギリ

春から夏にかけて咲く

タイワンギリの巨樹。キリよりも大きく生長する

1つ1つの果実に多数の種子が詰まっている。種子には翼があり、風に乗って飛んでいく(写真はすでに種子を放出したあとの殻)

年間作業	1	2	3	4	5	6	7	8	9	10	11	12
植えつけ		●—	—●								●—	—●
剪定	●—	—	—●								●	
花芽分化							●—	—●				
観賞時期				花								
施肥												
繁殖												

キングサリ〈金鎖〉(キバナフジ〈黄花藤〉)

Laburnum

マメ科キングサリ属

落葉低木〜高木(樹高5〜10m)／雌雄同株
フジに似た鮮黄金色の花穂が、長く優美に垂れ下がる

　移植を嫌うので植えつけ場所を吟味し、根鉢を崩さずに植えつける。若いうちから長い花穂を多くつけるので、2m以下に仕立てて鉢植えや狭い場所でも楽しめる。枝幹がやや柔らかく、とくに若木は幹が細く根張りが弱いので強風で倒れやすい。支柱を立てて支え、長く伸びた枝や不要枝は12〜1月頃に切り詰めるとよい。アーチ仕立てや、パーゴラに誘引してトンネル仕立てにする方法も。

ラブルノキティスス「アダミー」：近縁種でアダムキングサリとも呼ばれる。花色は淡紅色

春から夏にかけて咲く

「ボッシー」：下垂する金鎖は見事

年間作業	1	2	3	4	5	6	7	8	9	10	11	12
植えつけ			●—●								●—●—	
剪定	●											●
花芽分化						●—●—●						
観賞時期				花●—●								
施肥		●—●					●—●					
繁殖			さし木									

クチナシ〈梔子〉

Gardenia jasminoides
アカネ科クチナシ属

常緑低木（樹高0.5〜2m）／雌雄同株
梅雨空に甘い香りを放つ白い花

　暖地性植物なので、植えつけは暖かくなった5〜6月と8月下旬〜9月が適期。水はけがよく腐植質に富み、肥沃で湿潤な、寒風が防げる場所が適している。花芽は新梢の頂部につくられるので、剪定は花が終わったらできるだけ早く行う。オオスカシバの幼虫が大敵。葉を食い荒らすので、見つけ次第捕殺する。乾燥を嫌うので夏と冬の乾燥期に株元に腐葉土やワラを敷いておくと効果的。

オオヤエクチナシ：園芸店ではガーデニアと呼ばれることも

春から夏にかけて咲く

ヤエクチナシ：黄熟した実は、染料やたくあんなど食品の着色料に用いられる。八重咲き種には実がならない

ヒメクチナシ（コクチナシ）の斑入り種：極矮性だが、白い斑が庭のアクセントに

年間作業	1	2	3	4	5	6	7	8	9	10	11	12
植えつけ				●―●				●―●				
剪　定						●―●						
花芽分化							●――●					
観賞時期					花――							
施　肥	●―●							●―●				
繁　殖	さし木・とり木・株分け⇨											

コトネアスター

Cotoneaster

バラ科ナシ亜科コトネアスター属
半常緑低木(樹高0.3〜2m)／雌雄同株
秋から冬にかけて、紅熟する小さな実が美しい

　植えつけは春と初秋が適期。日当たり、水はけのよい、やや乾きぎみの場所を好む。植え穴はやや大きめに掘り、堆肥を十分にすき込む。移植を嫌うので、植え場所はあらかじめ吟味しておく。放任しても樹姿は整う。花芽は新梢の葉腋につくられ、翌春開花する。2〜3月に4〜5年生の古枝は元から切りとり、枝の更新を図る。施肥は2月に油かすに骨粉を同量混ぜたものを一〜二握り与える。

春から夏にかけて咲く

ベニシタン(コトネアスター・ホリゾンタリス)：コトネアスターの代表種。這い性で、グラウンドカバー向き

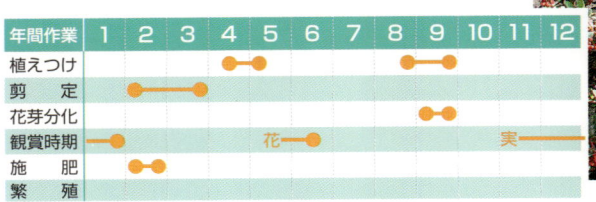

年間作業	1	2	3	4	5	6	7	8	9	10	11	12
植えつけ				●—●				●—●				
剪定		●—●										
花芽分化								●—●				
観賞時期	●			花—●					実——————			
施肥		●—●										
繁殖												

このような立ち性の品種もある

コバノズイナ〈小葉の髄菜〉

Itea virginica
ユキノシタ科ズイナ属

落葉低木(樹高1〜1.5m)／雌雄同株
丈夫で育てやすく、小さい花が穂状にたくさん咲く

　日本の暖地の山地にも自生するズイナ(ヨメナノキ)の近縁種。北米原産でズイナよりも寒さに強く、丈夫でほとんど手入れが不要。植えつけ時には腐葉土を多めに施す。土の乾燥を嫌うので、地植えの場合でも乾燥した日が続くときは水を与えるとよい。剪定は花後に強すぎる徒長枝を切り詰める程度でよいが、樹形が乱れたときは落葉時に不要枝を整理する。

年間作業	1	2	3	4	5	6	7	8	9	10	11	12
植えつけ		●━━●										
剪定						●━●						
花芽分化												
観賞時期				花━━━━━━━━━━						紅葉		
施肥	●●											
繁殖		さし木━━━━━				●━●						

春から夏にかけて咲く

「ヘンリーズガーネット」：紅葉の美しい品種

コンロンカ〈崑崙花〉

Mussaenda parviflora
アカネ科コンロンカ属

落葉低木(樹高1〜5m)／雌雄同株
白い葉のように見える萼片が遠くからでも目を引く

　亜熱帯の林内に自生する植物で、耐寒温度が15℃程度。暖地以外では鉢植えにし、観葉植物として楽しむ。黄色で星形の小花が枝先にいくつかかたまって咲き、花序のふちにつく萼片(がくへん)が白い葉のようで目立つ。日当たりのよい場所を好み、日光が不足すると枝がつる状に伸長するばかりで花つきが悪くなる。剪定は花後に、伸びすぎたつるや混み合った枝を切り詰める。

年間作業	1	2	3	4	5	6	7	8	9	10	11	12
植えつけ			●━━●									
剪定							●━━●					
花芽分化												
観賞時期					花━━━━							
施肥				●━━━━━━●								
繁殖			さし木━━━━━									

ダヴィディア科のハンカチノキと名前が混同して出回ることもあるので注意

ザクロ〈石榴〉

Punica granatum

ザクロ科ザクロ属
落葉小高木（樹高5〜6m）／同株雌雄異花
花・実と、夏から秋の風物詩

　植えつけは、十分暖かくなった4〜5月が適期。日当たり、水はけのよい腐植質に富んだ、中性〜弱酸性土が適している。酸性土を嫌う。植え穴は大きめに掘り、堆肥や腐葉土を十分にすき込んでおく。花芽は当年生の充実した短枝につくられ、翌年開花する。徒長枝には花芽はできない。剪定は2月。長い枝は基部に5〜6芽残して切り詰める。混み合った部分は枝透かしをして、日当たりと風通しを図る。

陽光を受けて黄金色に輝く秋の黄葉

ハナザクロの樹。ふつう、実はならない

ハナ（花）ザクロ：八重咲きで、花色は朱や白、朱と白の絞りがある（左写真は咲き分け品種の「錦袍榴」、右写真は「和晃錦」）

春から夏にかけて咲く

ミ（実）ザクロ：一重咲きで、花色は朱や白（淡い朱）。実は秋に熟して果皮が割れ、中から現れる紅色の仮種皮は食用となる

年間作業	1	2	3	4	5	6	7	8	9	10	11	12
植えつけ				●—	—●							
剪　定	●—●											
花芽分化							●—●					
観賞時期					花			実 ●—●				
施　肥		●—●			●—●				●—●			
繁　殖			さし木 ●—●	とり木 ●——————●								

ジャカランダ

Jacaranda
ノウゼンカズラ科ジャカランダ属
落葉低～高木(樹高1～15m)／雌雄同株
キリモドキの別名の通りキリに似た花と繊細な葉姿が魅力

　熱帯・亜熱帯では街路樹にされるほど丈夫だが、寒さに弱い。霜が降りなければ地植えで越冬するが、軒下か室内へ。剪定しなくても姿が乱れにくいが、しだいに花つきが悪くなる。花芽は前年の晩夏～初秋に、その年に伸びた充実した枝の先端にできる。花後すぐに切り戻し、盛夏のうちに新芽を多く出させるのがコツ。若苗や矮性品種は、徒長枝や混み合った部分を軽く間引く程度でよい。

年間作業	1	2	3	4	5	6	7	8	9	10	11	12
植えつけ						●―	●					
剪　定						●―●						
花芽分化							●―	―	●			
観賞時期					花―	―●						
施　肥												
繁　殖					さし木―	―	―●					

春から夏にかけて咲く

ドワーフジャカランダ：主に鉢植えで出回る矮性の品種

シャクナゲ〈石楠花〉(セイヨウシャクナゲ)

Rhododendron × hybridum
ツツジ科シャクナゲ亜属
常緑低木(樹高1～3m)／雌雄同株
華やかで、ボリューム感たっぷりな花

　植えつけは早春と秋が適期。庭木にはヨーロッパで交配されたセイヨウシャクナゲが適している。植えつけは水はけがよく、腐植質に富んだ、西日の当たらない場所に。酸性土を好むので、植え穴には腐葉土やピートモスを十分にすき込んでおく。放任してもよく樹形が整うので、枯れ枝や樹冠内の枝を整理する程度で。花芽は新梢の先端につくられ、翌年開花する。乾燥が激しいときには水やりを。

年間作業	1	2	3	4	5	6	7	8	9	10	11	12
植えつけ		●―	―●						●―	―●		
剪　定		●―●										
花芽分化						●―	―●					
観賞時期				花―	―●							
施　肥		●―●			●―●							
繁　殖					さし木―	―	―●	さし木―	―●			

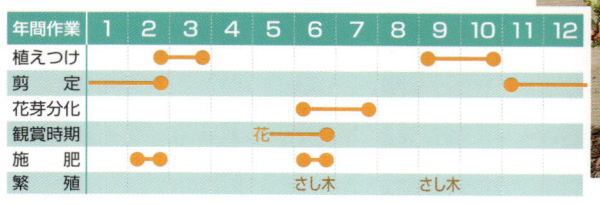

さまざまな花色のセイヨウシャクナゲ

シャクナゲ（セイヨウシャクナゲ）

「ゴールデントーチ」

「サッフォー」

「ジンマリー」

「太陽」

「イグハムイエロー」

「マキターズプライズ」

春から夏にかけて咲く

ジャスミンの仲間

Jasminum

モクセイ科ソケイ（ジャスミン）属
常緑低木・つる性木本（樹高2〜3m）
甘い香りを漂わせる花が人気

　植えつけは気温の安定する4〜5月上旬と9月が適期。日当たり、水はけがよく、冬の寒風が当たらない場所が適している。つるが自然にからんで樹形を整えていくので、とくに剪定の必要はない。伸びたつるは切らずに誘引して伸ばしていくほうが花つきもよい。花芽は温度が20℃以上あれば新梢の葉腋につくられる。1〜2月に古いつるや細すぎるつるなどを間引く。花後にお礼肥を施す。

春から夏にかけて咲く

ハゴロモジャスミン：よく鉢ものが出回るが、関東南部以西であれば庭植えで越冬する。つぼみは紅色を帯びるが花色は白。甘い芳香があるが、ジャスミンティーに用いるのは近縁のマツリカの花

ハゴロモジャスミン

年間作業	1	2	3	4	5	6	7	8	9	10	11	12
植えつけ				●—●				●—●				
剪定	●——●											
花芽分化			ハゴロモジャスミン⇒秋、低温に遭うと花芽ができる									
観賞時期			●——————————●					ハゴロモジャスミン花 ●———●			
				キソケイ花 ●————●								
施肥				●					●			
繁殖				さし木 ●——●								

キソケイ：ソケイは「素馨」でジャスミンを表す。本種は黄花のジャスミンの仲間だが、香りは薄い。樹高2m程度の低木だが、よく枝分かれするのでボリュームが出る

96

スモークツリー

Cotinus coggygria
ウルシ科ハグマノキ属

落葉低木(樹高1.5〜5m)／雌雄異株
花穂がふわふわした煙のようになって樹上に揺れる

　ふわふわした羽毛状になるのは雌株のみ。葉色や樹高の異なる多くの品種があり、矮性はカラーリーフとして寄せ植えや花壇のアクセントにも向く。植えつけは、日当たりがよく寒風の当たらない場所に。生長が早く、樹形が乱れたり倒れたりしやすいため、肥料は控えめでよい。花芽は春から伸びた新梢の先端に7月頃にできるので、剪定は花後すぐに切り戻すか、冬に枝透かしをする程度で。

花芽は当年枝の先にでき、翌年に咲く。だから、左写真のように伸びた枝を放任しておくと、翌年には右写真のような姿になる

花柄の先端に実がつく

春から夏にかけて咲く

「スモーク(煙)」の正体は、黄緑色の小花が咲いたあとに伸びた繊維状の花柄。雌雄異株で、雄株には「スモーク」ができない。樹液が出る。ウルシの仲間に弱い人は要注意

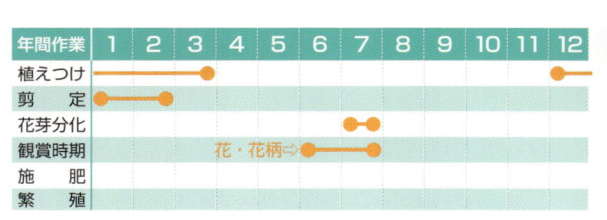

「オーホワイト」:「スモーク」が白い品種

「リトルルビー」:「スモーク」が紅色で、矮性の品種

「グレース」:秋の紅葉も美しい

「ヤングレディー」:四季咲き性の矮性種

年間作業	1	2	3	4	5	6	7	8	9	10	11	12
植えつけ			●――	――●							●―	―●
剪 定	●―	――●										
花芽分化							●―●					
観賞時期			花・花柄⇨			●―――	――●					
施 肥												
繁 殖												

タニウツギ／ベニウツギ〈谷空木／紅空木〉

Weigela hortensis／W.coraeensis
スイカズラ科タニウツギ属
落葉低木（樹高2〜3m）／雌雄同株
群がって咲く花が株に賑わいを与える

植えつけは落葉期に。樹勢が強く、土質は選ばない。日当たりでも半日陰でもよく育つ、扱いやすい庭木。生長がよく、放任すると枝もふえ、雑然とした株になる。花つきのよいのは2〜3年生枝。花つきの悪くなった4年生枝は花の終わった直後に地際から切り取り、枝の更新を図る。枝は3〜5本くらいに整理し、すっきりした株に仕立てる。生育がよいので、施肥の必要はない。

春から夏にかけて咲く

ハコネウツギ：本種もベニウツギとも呼ばれる。花期は5〜6月頃。花色は白〜紅に変化する。日本特産種

タニウツギ：花期は5〜6月頃。花色は淡紅色で、ベニウツギとも呼ばれる。日本特産種

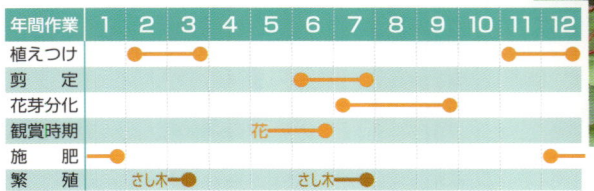

オオベニウツギ：花期は5〜6月頃。花色は紅〜濃紅色。さまざまな園芸品種がある。東アジアに自生

年間作業	1	2	3	4	5	6	7	8	9	10	11	12
植えつけ	●—	—	—	—●						●—	—	—●
剪定					●—	—	—●					
花芽分化						●—	—	—	—●			
観賞時期				花	花							
施肥	●										●	
繁殖		さし木●—	—●			さし木●—	—●					

タニウツギ/ベニウツギ

オオベニウツギ「オーレオバリエガタ」 　　　　　　　　　　　　　オオベニウツギ「ピンクポペット」

オオベニウツギ「フォリスプルプレア」  　オオベニウツギ「プルプレア」

春から夏にかけて咲く

オオベニウツギ「マイナーブラック」 　オオベニウツギ「モネ」

キバナウツギ：花期は5～7月頃。花色は淡黄色。日本特産種

ニシキウツギ：ハコネウツギによく似るがニシキウツギは高地に、ハコネウツギは海岸沿いに自生している。日本特産種

ワイゲラ「ニューポートレッド」：タニウツギ属の園芸品種

チャンチン〈香椿〉「フラミンゴ」

Toona sinensis 'Flamingo'

センダン科チャンチン属

落葉高木(樹高8〜10m)／雌雄異株
次々に色が変化する新葉の芽吹きが美しい

　日なたで排水性のよい土壌に、腐葉土などの有機質を十分にすき込んで植えつける。冬は完全に休眠した状態であれば-25℃くらいまで耐えるが、若木のうちは霜害に遭いやすい。生長が早く、幹仕立てにして低く仕立てることもできるが、放任すると群生して幹がどんどん高く伸び、独自の樹形になる。剪定しなくても整うが、せっかくの新芽の美しさを堪能するには毎年花後に切り戻すとよい。

春から夏にかけて咲く

新芽が葉紅色〜鮮紅色〜黄白〜緑と葉色が変化するさまが見事

日本にも自生するセンダンの仲間で、別名をチャイニーズセンダンという

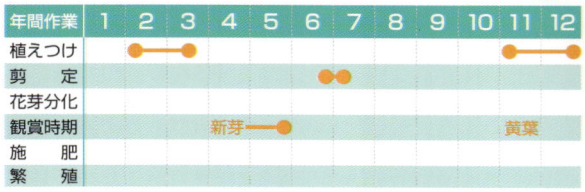

秋には黄葉する

年間作業	1	2	3	4	5	6	7	8	9	10	11	12
植えつけ		●—	—●								●—	—●
剪定						●●						
花芽分化												
観賞時期			新芽 ●—	—●						黄葉		
施肥												
繁殖												

チユウキンレン〈地湧金蓮〉

Musella lasiocarpa
バショウ科ムセラ属

耐寒性多年草(樹高0.6〜1.5m)／雌雄異株
個性的な葉姿。花は半年近く長く楽しめる

　日なたを好むが、夏の直射日光や強い西日と寒風の当たる場所は避け、根鉢を崩さずに植えつける。冬は土をつけたまま掘り上げて室内で管理するが、霜除けをして水を切って休眠させれば、地上部は枯れるが−10℃くらいまで耐える。花に見えるのは苞で、花は苞葉の基部に小さくつく。開花後に枯れるが、株元から出る脇芽が伸びて世代交代する。古葉や黄変した葉は、早めに切り取る。

年間作業	1	2	3	4	5	6	7	8	9	10	11	12
植えつけ				●—●								
剪定												
花芽分化												
観賞時期				花●—————●(花は長くも保つ)								
施肥			⇧1か月に1回液肥など									
繁殖												

倒れたり伸びすぎたりした株は、切り詰めて更新する

春から夏にかけて咲く

ツルウメモドキ〈蔓梅擬〉

Celastrus orbiculatus
ニシキギ科ツルウメモドキ属

落葉つる性木本(つる長5〜10m)／雌雄異株
露出した真っ赤な果肉が晩秋〜冬の庭を彩る

　植えつけは落葉期に。日当たり、水はけのよい、肥沃で適湿な場所を好む。花は5月頃、新梢の葉腋や先端に咲く。実は秋に黄熟して3裂し、赤い果肉が露出する。伸びすぎた枝は結実を確かめ、適当なところで枝先を摘み取る。剪定は落葉期に。萌芽力があり、強い剪定もできる。不要な枝は元から切り取り、伸びすぎた枝は切り詰める。施肥はとくに必要ない。目立つ病害虫もほとんど見られない。

年間作業	1	2	3	4	5	6	7	8	9	10	11	12
植えつけ		●—●								●—	—●	
剪定		●—●										
花芽分化												
観賞時期					花					実●—	—●	
施肥												
繁殖		●—● ⇦つぎ木・実生										

テイカカズラ〈定家葛〉

Trachelospermum asiaticum
キョウチクトウ科テイカズラ属

常緑つる性木本（つる長5～10m）／雌雄同株
スクリュー状の花には芳香があるが有毒なので要注意

　植えつけは4～9月が適期。日当たり、水はけがよく、腐植質に富んだ肥沃で適湿な場所を好む。植え穴には堆肥や腐葉土を施しておく。放任しても樹形は自然に整う。つる性なので、フェンス仕立てやトレリスなどに向く。花芽は新梢の頂部とその付近の葉腋につくられ、翌年開花する。不要なつるの整理は芽吹き前の2月中旬～3月中旬が適期。施肥はとくに必要ない。病害虫もとくにない。

春から夏にかけて咲く

つる性、芳香のある花、モクセイ科のジャスミンに似るが、有毒なので要注意。本種は花弁の縁がスクリュー状にねじれている

実は一対のサヤ状。熟すと裂けて、綿毛のついた種子を風に乗せて飛ばす

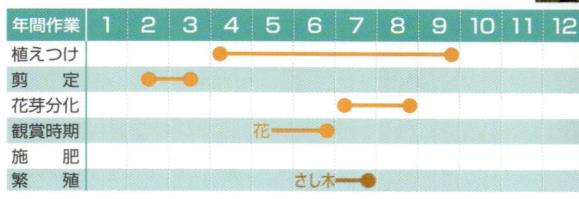

仕立て方はさまざま。巻きつるを四方に伸ばしてからみつき、気根を出して固着する

斑入りの品種。左：「初雪カズラ」、右：「黄金錦（黄金カズラ）」

年間作業	1	2	3	4	5	6	7	8	9	10	11	12
植えつけ				●――	――	――	――	――	――●			
剪定		●―	●									
花芽分化						●―	――	――●				
観賞時期				花●―	――●							
施肥												
繁殖				さし木 ●――	――●							

トチノキ〈栃の木〉の仲間

Aesculus
トチノキ科トチノキ属

落葉高木（樹高10〜15m）／雌雄同株
ヨーロッパ産のセイヨウトチノキ（マロニエ）が有名

　植えつけは落葉期に。日当たり、水はけのよい、腐植質に富んだ肥沃な場所が適している。植え穴は大きめに掘り、堆肥や腐葉土を十分にすき込んでおく。放任しても樹形がよく整うので、とくに剪定の必要はない。花芽は新梢の頂芽につくられ、翌年開花する。全体の整枝は落葉期に、混み合った部分や花芽のない貧弱な枝を整理し、樹姿を整える。施肥は2月の寒肥えと8月下旬に追肥を施す。

トチノキ

セイヨウトチノキ（マロニエ）

アカバナアメリカトチノキ

セイヨウトチノキ

ベニバナトチノキ

キバナトチノキ

トチノキ「パルビフローラ」

春から夏にかけて咲く

年間作業	1	2	3	4	5	6	7	8	9	10	11	12
植えつけ		●—●									●—●	
剪定	●—●										●—●	
花芽分化												
観賞時期				花—花								
施肥	●—●						●					
繁殖			実生									
			つぎ木									

ナツツバキ/ヒメシャラ〈夏椿／姫沙羅〉

Stewartia pseudo-camellia／S.monadelpha

ツバキ科ナツツバキ属

落葉高木（樹高8〜15m）／雌雄同株
清楚な純白の花が魅力。一花の命は短い

春から夏にかけて咲く

　植えつけは2月下旬〜3月頃。日当たりは必要だが、強い日差しに長時間当たると葉先から枯れ込みやすい。湿り気のある土壌を好む。剪定は1〜2月に徒長枝を切り戻し、混み合う部分を間引く程度でよいが、枝の中間で切ると枯れ込みやすいので要注意。花芽は新梢の葉腋につき、夏の盛りに咲く。寒肥を施せば十分花芽はできるが、秋口にリン酸分の多い化成肥料を施せばなおよい。

ナツツバキ

ヒメシャラ

ナツツバキ：花径は5〜6cm。花弁の縁は細かいしわと鋸歯でフリル状になる。葉にツバキのような厚みと光沢はない。シャラノキとも呼ばれる

秋には紅葉も楽しめる。左：ナツツバキ、右：ヒメシャラ

ヒメシャラ：花径は2cm程度。葉もナツツバキより小ぶり。花弁の縁のフリルは目立たない

ナツツバキもヒメシャラも生長すると、樹皮がはがれて滑らかで美しい幹肌になる。写真はヒメシャラ

花弁に薄く紅色が入るナツツバキの品種

ナツツバキ「夜明け前」：咲き始めは淡紅色。開くと白になる

年間作業	1	2	3	4	5	6	7	8	9	10	11	12
植えつけ		●―	―●									
剪定	●―	―●										
花芽分化							●―	―●				
観賞時期					花―	―●						
施肥	●―	―●							●―	―●		
繁殖				さし木―	―●							

ナナカマド／ニワナナカマド〈七竈／庭七竈〉

Sorbus commixta／Sorbaria kirilowii
バラ科ナナカマド属／ホザキナナカマド属
落葉小高木～高木（樹高7～10m）／雌雄同株
花・葉姿・紅葉・実なりと何通りも楽しめる

　植えつけは日なた～半日陰で多少湿り気のある肥沃な場所に。ナナカマドは耐暑性に劣るので関東以南の暖地には不向き。肥料は寒肥として油かす、鶏糞、化成肥料を施す。剪定は落葉後に。植え場所の広さに応じて行うとよい。新梢の先端部に直径6～7mmの白色で花弁が5枚ある花を多数開き、花後には5～6mmの丸い実が赤く熟す。紅葉も美しい。ナナカマド、ニワナナカマドともに病害虫は極めて少ない。

ナナカマドの花

ニワナナカマドの花

ナナカマド：寒冷地向き。秋には紅葉するが、温暖な地域では色づきが悪い。花期は6～7月頃。実は9～10月頃に赤く熟す。樹高は8m程度

ニワナナカマド：ナナカマドに似るが、属が異なる。日本全国で植栽可能。花期は6～8月頃。秋には黄葉する。実も秋に熟すが観賞価値は低い。樹高は2～3m程度。写真は、新葉が赤や黄に色づく「セム」という品種

春から夏にかけて咲く

年間作業	1	2	3	4	5	6	7	8	9	10	11	12
植えつけ		●―●										
剪　　定	●―	―	―●								●―	―●
花芽分化						●	●―●					
観賞時期					花―	―	―●		実―	―	―●	
施　　肥	●	●―●							●―●			
繁　　殖		つぎ木●―●				実生●―	―●					

ナンテン〈南天〉

Nandiana Nandiana domestica

メギ科ナンテン属

常緑低木（樹高2〜3m）／雌雄同株
秋から冬にかけて多数の丸い実が赤く熟して美しい

　植えつけは9月下旬か4月頃、庭の裏側など直射日光が当たらない所に、腐葉土や堆肥を多めにすき込んで排水性と保水性を高めて植えつける。9月頃に追肥として化成肥料を、寒肥には少量の油かすを施す。剪定は若木の間は行わない。枝数が増えた株は、実がついた幹を地際で切り除く。ナンテンの花は自家受粉するが、長雨の年は花粉が雨で流されるため結実しにくい。

春から夏にかけて咲く

ナンテン

ナンテン：常緑樹だが、寒さに当たると紅葉する

シロミノナンテン：白実の品種は紅葉しない

オタフクナンテン（オカメナンテン）：矮性種で、葉の縁が内側に湾曲し、丸みを帯びた印象を与える

年間作業	1	2	3	4	5	6	7	8	9	10	11	12
植えつけ				●―	●				●			
剪定		●―――●										
花芽分化							●―●					
観賞時期					花					実		
施肥	●――●							●―●				
繁殖			さし木 / 株分け				さし木 / 株分け		実生			

ニオイシュロラン〈匂棕櫚蘭〉/ニューサイラン

Cordyline australis / *Phormium*
リュウゼツラン科コルディリネ属/フォルミウム属
常緑低木〜高木(樹高4〜15m)/雌雄同株
ガーデンに南国テイストを運ぶシンボルツリーに

　ニオイシュロランは、その名の通り葉はシュロを思わせ、樹形はヤシに似て生長すると分枝する。日なたを好むが半日陰でも育つ。スペースを確保して栽培場所を選ぶこと。南国風の外見によらず冬は霜除けすれば−5℃くらいまで耐え、強風や海風にも大変強い。生長がゆっくりで、ほとんど剪定は不要。土質はとくに選ばないが、水はけのよい土壌に有機質をたっぷり施すとよく育つ。

ニューサイラン「バリエガタ」 　　ニューサイラン「プルプレア」

春から夏にかけて咲く

ニオイシュロラン:コルディリネ属。シュロに似た樹姿で、甘い香りのする小花を無数につける。花期は5〜6月頃

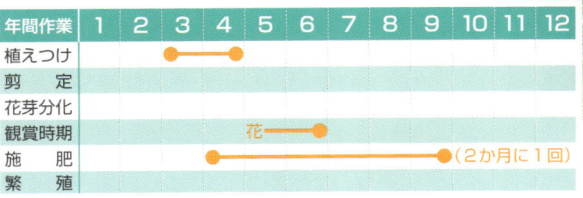

年間作業	1	2	3	4	5	6	7	8	9	10	11	12
植えつけ			●―	―●								
剪　定												
花芽分化												
観賞時期					花							
施　肥			●―	―	―	―	―	―	●(2か月に1回)			
繁　殖												

ニューサイラン:フォルミウム属(マオラン属)。ユリ科に分類されることもある。1m以上になる葉が多数出て、大株に育つ。関東南部では屋外で越冬するが、寒冷地では鉢植えが無難

ニシキギ〈錦木〉の仲間

Euonymus
ニシキギ科ニシキギ属

落葉低木(樹高2〜3m)／雌雄同株
世界三大紅葉樹の一つ。名は紅葉を錦にたとえたもの

　植えつけは2月中旬〜3月に。日当たりのよい肥沃な場所を選ぶが、半日陰程度でも生育する。ただし、花つき、実つきは悪くなる。株立ち状に生育し、放任しても樹形は自然に整うので、剪定は混み合った部分や徒長枝を切り除く程度。肥料は、生育が悪ければ寒肥を少量施す。量が多いと、強い徒長枝が伸びて樹形が乱れやすくなる。生け垣仕立てにする場合は、落葉後(11月上旬)に上面から刈る。

春から夏にかけて咲く

ニシキギ「コンパクタ」：矮性の品種で樹高は1.5m程度。紅葉はやや早く、10月頃から

マサキ：樹高3〜6m。刈り込みに強いので樹高を抑えて生け垣などに。つややかな緑色が美しい。白や黄色の斑が入る園芸品種も人気

「オウゴン」

「オオサカベッコウ」

ニシキギ：樹高2〜3m。自然樹形を楽しむ。枝にコルク質の翼がある。この翼がない変種はコマユミという。11月頃には鮮紅色の紅葉が楽しめる

マユミ：樹高3〜5m。自然樹形を楽しむ。秋、濃いピンク色の果皮が割れ、赤い果肉が現れる。実が白い品種もある

年間作業	1	2	3	4	5	6	7	8	9	10	11	12
植えつけ		●―	―●									
剪定		●―	―●							●		
花芽分化							●―	―●				
観賞時期										実・紅葉		
施肥	●―	―●										
繁殖		さし木			さし木				● 実生			

ネムノキ〈合歓木〉

Albizzia julibrissin

マメ科ネムノキ亜科ネムノキ属
落葉小高木〜高木（樹高6〜9m）／雌雄同株
鳥の羽状の葉が、夜間は眠るように閉じる

　植えつけは2月下旬〜3月上旬に。日当たりがよく腐植質に富んだ肥沃な場所を選ぶ。追肥は花後に化成肥料を株回りに施す。葉は鳥の羽のようで、長さは20〜30cm。夏、新梢の先端に淡紅色の刷毛のような花を咲かせる。2月に寒肥を施しておくと、花つき・実つきもよくなる。萌芽力が弱いので、強い剪定は行わない。とくに株元が乾燥する時期には、早朝に水やりを行う。

甘い芳香のある花。チョウなどが蜜を吸いに集まる

ネムノキ「サマーチョコレート」：葉がチョコレート色

春から夏にかけて咲く

ネムノキ：樹高6〜9mの常緑低木。花期は6〜7月頃

年間作業	1	2	3	4	5	6	7	8	9	10	11	12
植えつけ		●—●										
剪定		●——●										
花芽分化												
観賞時期					花———————							
施肥		●—●										
繁殖			実生					実生				

カリアンドラ：ネムノキ亜科カリアンドラ属の常緑低木。寒さに弱いので、鉢植えで育てて、冬は室内に。左と右上：エリオフィラ（緋ネム）、右下：ハエマトケファラ

バイカウツギ〈梅花空木〉

Philadelphus
アジサイ科バイカウツギ属

落葉低木(樹高2〜3m)／雌雄異株
香りのよいウメに似た白い花。園芸品種も多数ある

日なたを好むが半日陰でも耐える。丈夫で樹勢が強く土質はとくに選ばないが、水はけのよい肥沃な土壌に植えつける。長く伸びた枝がふんわりとカーブして広がる姿が美しいので、あまり剪定をせず、夏以降に伸びた徒長枝や不要枝を落葉期に間引く程度に。古枝は花つきが悪くなり、細かい枝が増えて混み合ってくるので地際やつけ根から切り戻す。大きくなりすぎたときは刈り込んでもよい。

春から夏にかけて咲く

年間作業	1	2	3	4	5	6	7	8	9	10	11	12
植えつけ			●━●							●━━●		
剪定						●━●						
花芽分化										●━●		
観賞時期					花							
施肥	●━●											
繁殖			さし木			●━━━●						

バイカウツギの仲間は、日本を含むアジア、ヨーロッパ、北中米と広く分布。ウメの花に似るがウメの花弁は5枚、バイカウツギは4枚。園芸店でよく見かける八重咲きや花芯が淡紅色になるものは、セイヨウバイカウツギの品種(下写真は「ベルエトワール」)

ハクチョウゲ〈白丁花〉

Serissa japonica
アカネ科ハクチョウゲ属

常緑低木（樹高1〜1.5m）
二重咲きや八重咲きの園芸品種もある

　植えつけは3月頃に。日照時間が短い場所でも育つが、日陰では極端に花つきが悪くなる。水はけが悪いと根腐れを起こしやすい。植え穴には堆肥と腐葉土を十分にすき込む。剪定は花後と10月に徒長枝を刈り込む。花芽は新梢の葉腋につき、5月下旬〜6月に咲く。2月頃に寒肥として株回りにリン酸分の多い化成肥料を施す。アブラムシが発生することがあるので、見つけ次第薬剤で駆除する。

年間作業	1	2	3	4	5	6	7	8	9	10	11	12
植えつけ			●―●									
剪定										●―●		
花芽分化				●―●								
観賞時期					花●―●							
施肥		●―●										
繁殖			さし木 ●――――――●									

春から夏にかけて咲く

ハリエンジュ〈針槐〉（ニセアカシア）

Robinia pseudo-acasia
マメ科ハリエンジュ属

「カスケルージュ」

落葉高木（樹高15〜20m）／雌雄同株
エンジュに似て、枝にトゲがあることが名の由来。トゲナシハリエンジュは近縁種

　植えつけは3〜4月に。日当たりがよい場所であれば、土質はとくに選ばない。剪定は落葉期に徒長枝を切り詰める程度でよい。高木になるので適当な高さで樹芯を止める。花期は5〜6月、白い花を長さ10〜15cmの房状で密につける（1つの花は直径16〜20㎜）。寒肥にリン酸分、カリ分を施しておくと花つきがよくなる。花には芳香があり、花後には茶色に熟す豆果を眺めるのも楽しい。

年間作業	1	2	3	4	5	6	7	8	9	10	11	12
植えつけ			●―●									
剪定	●――――――――――――●											●
花芽分化						●―●						
観賞時期				花●―●		実●――●						
施肥		●―●										
繁殖			●―● つぎ木・実生									

＊撮影協力：第14回国際バラとガーデニングショウ

ヒトツバタゴ〈一つ葉田子〉

Chionanthus retusus
モクセイ科ヒトツバタゴ属
落葉高木（樹高10m）／雌雄異株
白い四弁花の満開時は雪をかぶったように美しい

　植えつけは2～3月。大きく生長し枝葉も広がるので、かなりのスペースが必要。植え穴には堆肥や腐葉土を十分にすき込む。花芽は小枝の先端に分化し、5～6月に長さ15mmほどの四弁花が咲き、雪をかぶったような美しい光景となる。あまり見かけない樹木であることから「ナンジャモンジャノキ」とも呼ばれる。寒肥としてリン酸分とカリ分の多い肥料を施すと花数がより増える。

満開時のヒトツバタゴ。樹冠が花で覆われる

春から夏にかけて咲く

アメリカヒトツバタゴ：樹高5mほど。若木のうちから花をつけはじめるのが特徴

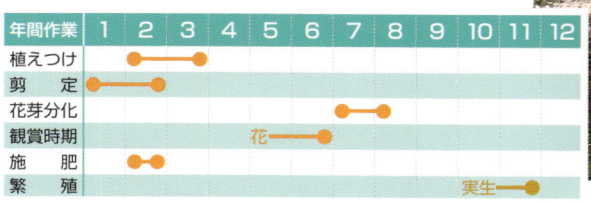

年間作業	1	2	3	4	5	6	7	8	9	10	11	12
植えつけ		●―	―●									
剪定	●	―	―●									
花芽分化						●	―●					
観賞時期				花 ●―	―	―●						
施肥		●	●									
繁殖									実生 ●―	―●		

ヒトツバタゴ：樹高は10mにもなる

ビバーナムの仲間

Viburnum
スイカズラ科ガマズミ属
落葉低木(樹高1〜2m)／雌雄同株
香りのよい花が咲き、魅力的な新品種も続々登場

　多くの仲間が庭木として利用され、球形に集まる花が美しいヤブデマリ、オオデマリなどは節にたくさんの花芽がつく。赤い実がたわわに実るガマズミやサンゴジュなどは、先端にのみ花芽がつく。花を楽しむタイプは、放任すると花が咲く枝が長くなりすぎてバランスを崩すので、花後に切り戻して調整する。落葉期には古枝や増えすぎた枝を整理し樹形を整える。日当たりのよい場所を好み、陽光が不足すると花や実の数が少なくなる。

オオデマリ「サマースノーフレーク」

オオデマリ「ローズエース」の実。花色は白〜淡紅色

ガマズミ：日本にも自生する落葉樹。花期は5〜6月頃。実は秋に赤く熟し、果実酒などに

ゴモジュ：沖縄の特産種。常緑樹。花期は3〜4月頃。実は夏に黒く熟す

オオデマリ：ヤブデマリの園芸品種。落葉樹。花期は5月頃。実はならない

春から夏にかけて咲く

サンゴジュ：日本の暖地〜東南アジアに自生する常緑樹。葉が肉厚で水分を含み「防火樹」として植栽されるが、サンゴジュハムシに食害されやすい。花期は6〜7月。実は秋に赤く熟す

年間作業	1	2	3	4	5	6	7	8	9	10	11	12
植えつけ		●―	―	―●								
剪　定	●	―	―	―●						●	―	―●
花芽分化												
観賞時期												
施　肥		●―●										
繁　殖					さし木							

113

春から夏にかけて咲く

チョウジガマズミ：日本〜朝鮮半島南部に自生する落葉樹。4〜5月頃に香りのよい白〜淡紅色の花が咲く

ニオイガマズミ：ヨーロッパ原産の落葉樹。花期は4〜5月頃。つぼみは淡紅色だが花は白。香りがよい

ハクサンボク：日本の暖地〜台湾に自生する常緑樹。花期は4〜5月頃。実は秋に赤く熟す

ビバーナム「Charles Lamont」：交配品種で香りがよい。花期は3月頃

ビバーナム「エスキモー」：半常緑性で、暖地では落葉しない。花期は4月頃

ビバーナム「ドーン」：「Charles Lamont」とは親が同じ関連品種。4月頃に香りのよい花が咲く

ビバーナム・オプルス(セイヨウカンボク)：ヨーロッパ〜北アフリカに自生する落葉樹。5月頃に純白のアジサイのような花が咲く。実は夏の終わり頃に赤く熟す

ビバーナム・ダビディ：中国原産。樹高1m程度の常緑樹。花期は5月頃。実は熟すとコバルトブルーになる

ビバーナムの仲間

ビバーナム・ティヌス：南ヨーロッパ原産の常緑樹。ダビディに似るがやや大きくなる。実は青黒く熟し、金属光沢を帯びる

ビバーナム・ティヌス「プルプレウム」：普通種より大柄で実も大きくなる品種

ビバーナム・ティヌス「フレンチホワイト」：花が大きめで、実つきのよい品種

ビバーナム・マクロセファラム：花は白く大きな手まり状になり、樹冠を覆う。花期は4〜5月だが、それ以外にも咲く

ビバーナム・マクロセファラム「ステリーレ」

ヤブデマリ「ホワイトビューティー」：「ピンクビューティー」の白花種

ヤブデマリ：東アジアに自生する落葉樹。花期は5〜6月頃。実は秋、赤〜黒に熟す。写真は「ピンクビューティー」。花が白から淡紅色に変化する品種

ヤブデマリ「恋花火」：「ピンクビューティー」よりも紅色が濃く出る

ヤブデマリ「マリエッシー」：花つきのよい品種。花色は純白

春から夏にかけて咲く

ヒペリカム

Hypericum

オトギリソウ科オトギリソウ属

半落葉低木（樹高0.6〜1m）／雌雄同株
黄色の五弁花とよく目立つ雄しべが特徴

　植えつけは3〜4月に。日なた〜半日陰地で適湿な場所を好み、乾燥には弱い。植え穴には堆肥や腐葉土を十分にすき込む。花芽は新梢の頂部に分化し、6〜7月に直径5cmほどの黄花を開く。定期的に剪定を行う必要はないが、株の大きさによっては花後すぐに本年枝を切り戻す。花後のお礼肥と2月頃に緩効性の有機質肥料や化成肥料を施しておくと、新梢に花芽がつきやすくなる。

春から夏にかけて咲く

ヒペリカム「サンバースト」：ポンポンのような雄しべがかわいい

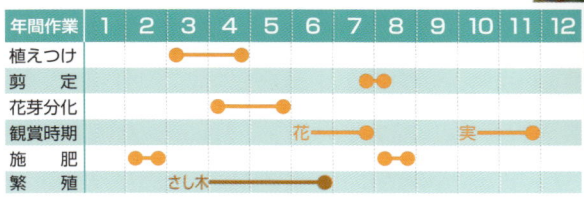

キンシバイ（金糸梅）：ウメに似た花形、金糸のような雄しべからこの名がある。写真の「ヒドコート」は普通のキンシバイより花弁が大きく、雄しべが短い品種

ビヨウヤナギ（未央柳、美容柳）：長く目立つ雄しべは花弁より長くなる

年間作業	1	2	3	4	5	6	7	8	9	10	11	12
植えつけ			●━━●									
剪定							●●					
花芽分化				●━━●								
観賞時期						花━━━●		●実━━●				
施肥		●━●				●━●						
繁殖			さし木 ●━━━━━●									

ピラカンサ

Pyracantha
バラ科ナシ亜科トキワサンザシ属
常緑低木(樹高2〜6m)／雌雄同株
美しく色づいた小果が小鳥たちを誘う

　植えつけは気温が高くなる4月中旬〜5月頃か9〜10月頃に。日当たり、水はけのよい場所を選ぶ。土質はとくに選ばない。植え穴には堆肥や腐葉土を十分にすき込む。2月と10月下旬にリン酸とカリの多い肥料を株回りにすき込むが、肥料過多にすると花つき実つきが悪くなるので要注意。徒長枝は見つけ次第切り戻しておく。種類によって花芽分化の時期が異なるので、剪定時期には要注意。

実が赤く葉に細かい鋸歯があるトキワサンザシ、実がオレンジ色で葉の鋸歯が目立たないタチバナモドキ、前2種より実が大きいカザンデマリ、それらの交配種などが出回っている

「オーレア」：実は黄色

「ショーニー」：実は黄〜オレンジ色

「ハーレクイン」：葉に白や薄紅色の斑が入る

「モハベ」：実はオレンジ〜紅色で大きい

「レッドウルフ」：実は紅色

春から夏にかけて咲く

ブラシノキ（カリステモン）

Callistemon

フトモモ科ブラシノキ属

常緑低木（樹高約3m）／雌雄同株
赤い糸状の雄しべが無数に広がり、ブラシのよう

　植えつけは十分に暖かくなった4月から9月頃まで。日当たりのよい所を選ぶ。乾燥には強いが多湿だと根が傷みやすい。植え穴には堆肥と腐葉土を十分にすき込む。花が咲き終えたら徒長枝を切り戻し、混み合った部分の枝を整理する。翌年に咲く花芽が新梢の先にできるので、刈り込みは行わない。冬期に北風が当たる所では枯れ草を敷いて防寒を。3月上〜中旬に速効性の化成肥料を施す。

春から夏にかけて咲く

花期は5〜6月。無数に花が咲く

花数は少なくなるが、秋にも咲く品種がある（左11月、右：6月）

白花を咲かせる品種もある

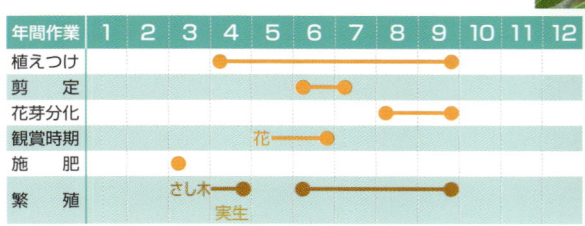

実は枝を取り巻くようにつく。中の種子は数年生きる

年間作業	1	2	3	4	5	6	7	8	9	10	11	12
植えつけ				●	━	━	━	━	●			
剪定						●	━	●				
花芽分化						●	━	━	●			
観賞時期				花	━	●						
施肥			●									
繁殖				さし木 ━ ●								
				実生 ━ ━ ━ ━ ●								

ブルーベリー

Vaccinium

ツツジ科スノキ属

落葉低木（樹高1〜2m）／雌雄同株
実なりのためには同系統の2品種を植えつける

　日当たり、風通しがよい場所に植え穴を掘り、土と同量のピートモスを加え、堆肥や腐葉土を混ぜ込んで植えつける。花芽は新梢の先端にできるので、剪定は混み合った部分や弱い小枝を切り除く程度にとどめる。4〜5年も育てると花つきが悪くなる。古枝は株元から切り除き、ひこばえを伸ばして更新する。2月と9月の2回、化成肥料を株回りにすき込む。株元を粗めのピートモスで覆うとよい。

とくにハイブッシュ系の品種は、秋の紅葉が美しい

春から夏にかけて咲く

ハイブッシュ系の品種：生食向きの品種が多い

エリザベス　ダロー　デニスブルー　ヌイ　ブルーレカ

ラビットアイ系の品種：ジャムなどの加工向きの品種が多い。熟す前の実がウサギの眼のように赤い

ノースランド　オンスロー　ブライトウェル　ホルトブルーメロディ　モンゴメリー

サザンハイブッシュ系の品種：極寒冷地以外の温暖地向きで、沖縄でも栽培できる。自家受粉しやすいという特徴もある。品種は左のサンシャインブルーのほかに、サザンオニール、ミスティーなどがある

サンシャインブルー

近縁種：ナツハゼやシャシャンボは秋〜初冬に、ビルベリーは7〜10月に熟す

ナツハゼ　シャシャンボ　ビルベリー

年間作業	1	2	3	4	5	6	7	8	9	10	11	12
植えつけ		●—————●										
剪定	●——●				●(整枝)							
花芽分化						●——————●						
観賞時期				花————	——実————			紅葉				
施肥		●—●						●—●				
繁殖			さし木									

ドウダンツツジに似た壺状の花がかわいい

マグノリアの仲間

モクレン科　*Magnolia*（モクレン属）／
Liriodendron（ユリノキ属）／*Michelia*（オガタマノキ属）

常緑・落葉低木〜高木（樹高3〜20m）／雌雄同株
香りの高い花木で、春の息吹を感じられる

園芸店などではマグノリアの名前で主に欧米でつくられた園芸種が多く出回るが、日本にも自生するホオノキ、オオヤマレンゲ、コブシ、モクレン、タイサンボクなどの属名でもある。日なたを好むが乾燥を嫌うので、肥沃で適湿な場所に植えつける。剪定はほとんど不要で、徒長した枝や交差する枝、樹冠の内側に向う枝などを間引く程度でよい。高木は、希望の高さまで育ったら樹心を止める。

春から夏にかけて咲く

コブシの実

コブシ：落葉性で樹高は5〜20m。花期は3〜5月頃

タイサンボク（写真左・右上・右中）：常緑性で樹高は10〜20m。花期は5〜6月頃。写真右下の「リトルジェム」は矮性の品種。花を間近で観賞できる

シデコブシ：落葉性で樹高は5mほど。花期は3〜4月頃

シデコブシ「ウォーターリリー」

シデコブシ「ベニシデコブシ」

年間作業	1	2	3	4	5	6	7	8	9	10	11	12
植えつけ			タイサンボク⇨							⇦モクレン・コブシ		
				オオヤマレンゲ⇨落葉期								
剪定				（花が咲き終えたら）								
花芽分化												
観賞時期			花									
施肥												
繁殖												

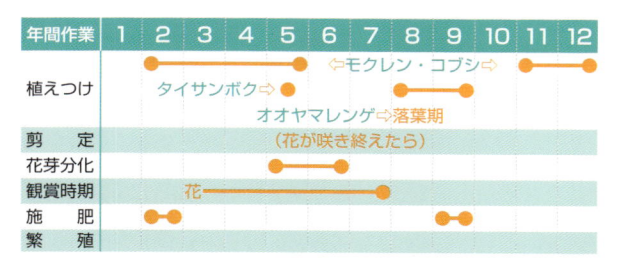

ウケザキオオヤマレンゲ：オオヤマレンゲとホオノキの雑種で樹高は5〜8m

120

マグノリアの仲間

「ミチコレンゲ」

オオヤマレンゲ：落葉性で樹高は2〜4m。花期は5〜7月頃。ただし、園芸店に出回るものの多くは中国〜朝鮮半島原産のオオバオオヤマレンゲ。「ミチコレンゲ」(右上)は花弁が9枚以上の八重咲き品種。花期は5〜6月頃

ユリノキ：落葉性で樹高は10〜20m。花期は5〜6月頃。葉に斑が入る品種もある

モクレン(紫モクレン)：落葉性で樹高は3〜5m。花期は4〜5月頃。右のサラサモクレンはハク(白)モクレンとの雑種

ハクモクレン：落葉性で樹高は10m。花期は3〜4月頃

「イエローバード」　「イエローフィーバー」　「エリザベス」

「キンジュ」　「サヨナラ」　「サンデュ」

「バルカン」　「ヘブンセント」　「ワダスメモリー」

ミケリア・マウディアエ「深山含笑」：常緑高木。花期は3〜4月頃。カラタネオガタマと同じミケリア属。大きな花が咲く

ミケリア「シルバークラウド」

春から夏にかけて咲く

ミズキ/サンゴミズキ〈水木／珊瑚水木〉

Cornus controversa／C.alba var. sibirica

ミズキ科ミズキ属
落葉高木（樹高約10m）／雌雄同株
名は、枝を折ると水がしたたり落ちることに由来

　枝は直立し、八方へ輪状に広がり、その枝が冬の間紅色を帯びる。植えつけは落葉期に。日当たりを好むが半日陰地でも育つ。土質はとくに多湿でなければ問題ない。春から伸びた新梢に5～6月頃、白い小花を房状に咲かせる。花は花弁が4枚、雄しべ4本。球形の小果をつけ、熟すと黒色を帯びる。大きくなるので適当な樹高で樹心を止める。近縁のサンゴミズキは冬に枝が美しく色づく。

春から夏にかけて咲く

ミズキの花。花期は5～6月頃

ミズキ「バリエガタ」：葉に美しい白斑が入る品種

サンゴミズキはシラタマミズキの変種で、冬、枝がサンゴのように色づく。花期は5～6月頃。ミズキに似た花が咲く。上の品種は「ウィンタービューティー」

年間作業	1	2	3	4	5	6	7	8	9	10	11	12
植えつけ			●━━━								━━━●	
剪　定							●━━●					
花芽分化						●━●						
観賞時期			花━━━━●									
施　肥	●━●									●━●		
繁　殖			実生━━━●									

ムラサキシキブ／コムラサキ〈紫式部／小紫〉

Callicarpa japonica ／ C. dichotoma

クマツヅラ科ムラサキシキブ属
落葉低木／小低木（樹高3〜4m／0.5〜1m）／雌雄同株
秋の実なりを紫式部に見立てた代表的な実もの花木

　植えつけは12月か2〜3月頃に。日なた〜半日陰で、排水性・保水性がともによい肥沃な場所に。元肥として堆肥や腐葉土を十分にすき込んでおく。剪定は落葉期に、徒長枝や混み合った部分を元から間引く程度で、自然樹形を楽しむ。花芽は新梢の葉腋にでき、6〜7月頃に咲く。2月頃に寒肥を施しておくと実つきがよくなる。やや湿り気のある土壌を好むので、乾燥の激しい季節には水やりを。

初夏に集まって咲く淡紅紫色の小花と秋に熟す紫色の実がともに楽しめる。

ムラサキシキブはやや大きく成長するが実つきはまばら。

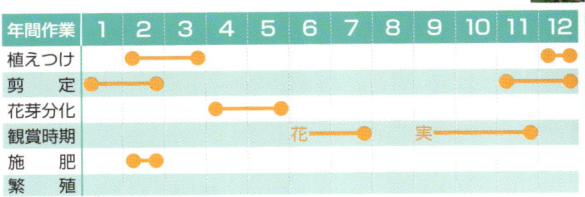

斑入り種「紫々紫（しじむらさき）」や白実の品種（シロシキブ／シロミノコムラサキ）もある

コムラサキは細長く伸びた枝にびっしりと実をつける。園芸店などで多く見かけるのは、このコムラサキ。

春から夏にかけて咲く

年間作業	1	2	3	4	5	6	7	8	9	10	11	12
植えつけ		●—	—●								●—	—●
剪定										●—	—	—●
花芽分化				●—	—●							
観賞時期					花 ●—	—●　実			●—	—●		
施肥		●—●										
繁殖												

モチノキ〈黐の木〉の仲間

Ilex

モチノキ科モチノキ属
常緑低木～小高木(樹高3～8m)／雌雄異株
モチノキ・クロガネモチ・ソヨゴ・ウメモドキなど

　植えつけは4月中旬～5月上旬に。日陰にもよく耐えるので建物の北側に植えることもできる。剪定は徒長枝を切り戻す程度でよく、冬期を除き、時期を選ばない。施肥は寒肥が中心。樹勢が衰えている場合は8月下旬～9月上旬に速効性の化成肥料を株回りに施す。雌木には花後に実がなる。スス病やカイガラムシが発生することがあるので、7月下旬～9月上旬には要注意。

春から夏にかけて咲く

モチノキ：常緑高木。花期は4月頃。実は晩秋に熟す

クロガネモチ：常緑高木。花期は5～6月頃。名前の「黒鉄」は枝葉が黒ずんで見えることから

ソヨゴ：樹高5～8m。花期は6～7月頃。名前は葉が風にそよぐようすから

オウゴンモチ：新葉が黄金色の品種

ウメモドキ：樹高2～3m。花期は5～6月頃。落葉後も実が残る

ウメモドキ「中納言」：実が大きくなる品種

シロミノウメモドキ：白実の品種。黄実の品種はキミノウメモドキ

年間作業	1	2	3	4	5	6	7	8	9	10	11	12
植えつけ				●━●								
剪　定		●━━━━━━━━━●									●━●	
花芽分化												
観賞時期										実━━━●		
施　肥	●━●						●━●					
繁　殖					さし木━━━●				実生━━━●			

ヤマブキ〈山吹〉

Kerria japonica

バラ科バラ亜科ヤマブキ属

落葉低木（樹高3〜4m）／雌雄同株
一重咲きの基本種のほか、八重咲きや菊咲きがある

　植えつけは2月下旬〜3月か11〜12月に。日差しが強く、乾燥しやすい場所は避ける。植え穴には堆肥や腐葉土を十分にすき込む。追肥の必要はなく、与えすぎると花つきが悪くなる。株立ちが自然樹形なので、剪定は枯れ枝を切り除く程度にするが、3年枝以上の古枝はつけ根から切る。花後に、地際から30cmほどの位置で刈る方法もある。

春から夏にかけて咲く

基本種は一重咲き

「千葉ゴールド」：新葉が黄金色の品種

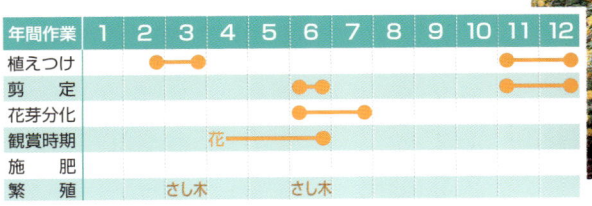

年間作業	1	2	3	4	5	6	7	8	9	10	11	12
植えつけ		●—	—●								●—	—●
剪定					●—	—●					●—	—●
花芽分化					●—	—	—●					
観賞時期			花—	—	—	—●						
施肥												
繁殖		さし木			さし木							

ヤエヤマブキ

ユッカ（キミガヨラン〈君が代蘭〉）

Yucca recurvifolia
リュウゼツラン科ユッカ属

常緑低木（樹高約1.5m／葉長60〜90㎝）／雌雄同株
灰緑色の剣状の葉が100〜150枚発生する

　植えつけは4〜5月に。日当たり、水はけ、風通しのよい場所を選ぶ。花期は初夏と秋の2回で、1.5mほどの花茎を伸ばして白花を多数つける。また、地際から発生する新芽による株分けは容易。なお、近似種に葉に厚みがあり、葉姿が剛直な印象のアツバキミガヨランがあるが、キミガヨランは葉の中ほどから多少下垂するので柔らかい印象を受ける。ともに耐寒性が強く、育てやすい。

春から夏にかけて咲く

キミガヨラン：花期は5〜6月頃と10月頃の2回。葉は外側に垂れる

アツバキミガヨラン：花期は5〜6月頃と10月頃の2回。葉は厚く、下垂しない

イトラン：花期は6〜7月頃。葉の縁から糸（繊維）がほぐれて出る

キンポウラン：センジュランの品種で、葉の縁に黄色い斑が入る。花期は8〜9月頃

年間作業	1	2	3	4	5	6	7	8	9	10	11	12
植えつけ				植えつけ								
剪定												
花芽分化												
観賞時期					花					花		
施肥			施肥						施肥			
繁殖				株分け								

エニシダの仲間

Cytisus scoparius(エニシダ)

マメ科ギンヨウエニシダ属／レダマ属など
落葉低木(樹高約2m)／雌雄同株
黄色い蝶々が舞っているような花姿

　植えつけは春か秋が適期。日当たり、水はけのよい場所が向いている。マメ科特有の根粒菌のおかげでやせ地でもよく育つが、株が大きくなると移植を嫌う。枝の伸びがよく下垂して樹形を乱すので、花後に枝先を切り詰める。花は前年生枝の葉腋につく。花つきの悪くなった古枝は元から切り取り、前年生枝と更新するとともに、混み合った部分は間引いて樹形を整える。肥料はとくに必要はない。

ヒトツバエニシダ(ゲニスタ・ティンクトリア)：花期は6〜8月頃

レダマ「スパニッシュブルーム」：花期は5〜7月頃

紅色の花が咲く品種

ホオベニエニシダ：エニシダ属(=シティサス属)。花期は4〜5月頃

※アデノカルプス属、エニシダ属、ギンヨウエニシダ属、ヒトツバエニシダ属、レダマ属など近縁のグループを総称してエニシダと呼ぶことがある

アデノカルプス属の一種

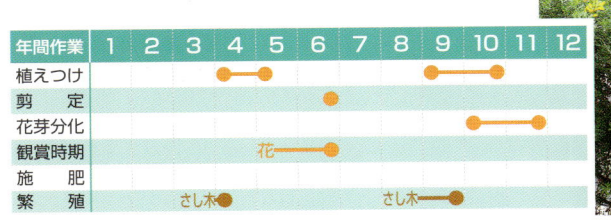

主に夏に咲く

年間作業	1	2	3	4	5	6	7	8	9	10	11	12
植えつけ				●—	—●				●—	—●		
剪　　定						●						
花芽分化									●—	—●		
観賞時期				花—	—	—●						
施　　肥												
繁　　殖			さし木					さし木				

エンジュ〈槐〉

Sophora japonica
マメ科クララ(ソフォラ)属

落葉高木(樹高15〜20m)／雌雄同株
強健で、自然に樹形ができるつくりやすい木

　植えつけは春か初冬が適期。樹勢が強く、土質はほとんど選ばないが、日当たり、水はけのよい、適湿なところを好む。夏に淡黄白色の小さな蝶形花を多数短枝の先につける。放任しても樹形は整うので、とくに剪定の必要はないが、庭の広さ、目的に応じ、落葉期に枝の切り詰め、枝抜きを行う。萌芽力が強く、強剪定も可能。日当たり、風通しが悪いとカイガラムシの被害に遭う。

さやはくびれたユニークな形

主に夏に咲く

木へんに鬼と書いて「槐(エンジュ)」。鬼門に植えて厄除けに、また、記念樹や幸福を呼ぶ樹として植えられる

年間作業	1	2	3	4	5	6	7	8	9	10	11	12
植えつけ			●—●		⇐	もしくは	⇒				●—●	
剪　定		●—●—●									●—●	
花芽分化							●—●					
観賞時期					花 ●—●							
施　肥					とくに不要							
繁　殖			実生 つぎ木									

「ウィンターゴールド」：冬、寒さに当たると枝が鮮黄色になる品種。新葉も黄色で、夏には黄緑色になる

キョウチクトウ〈夾竹桃〉

Nerium oleander var. indicum
キョウチクトウ科キョウチクトウ属
常緑低木（樹高2〜5m）／雌雄同株
炎暑の中で咲く花。株全体に強い毒を持つので要注意

　暖地性なので、植えつけは十分に暖かくなる4月中旬〜9月が適期。日当たりがもっとも重要で、土質は選ばない。水はけがよく、寒風の当たらない場所が適している。枝先に次々と花を咲かせるので、放任すると樹冠が大きく、雑然となってくる。花後、混み合った部分は枝透かしを行う。樹冠が大きくなりすぎたら古幹を元から切り取って更新する。春〜夏によく発生するアブラムシに要注意。

強健で耐乾性・耐暑性は強いが、寒さには弱いので、寒冷地での庭植えには不向き。真夏に花を咲かせ、公害にも強い人気の花木だが、樹全体に強い毒があるので剪定を行うときには樹液に触れないように要注意

花色はさまざま。八重咲きや葉に斑が入る品種もある

ひこばえがよく出るので、見つけ次第切り除くが、古い幹が大きくなりすぎた場合はひこばえを残して更新する

主に夏に咲く

年間作業	1	2	3	4	5	6	7	8	9	10	11	12
植えつけ				●—————————————●						●——●		
剪定			●————●							●——●		
花芽分化	●											●
観賞時期						花—————————●						
施肥												
繁殖			さし木 ●—————————●									
			とり木 ●—————————●									

キンロバイ/ギンロバイ〈金露梅／銀露梅〉

Potenntilla fruticosa／P. fruticosa var. *leucantha*
バラ科バラ亜科キジムシロ属

落葉小低木(樹高0.5～1m)／雌雄同株
生育が遅く、ロックガーデン向きの小花木

　植えつけは落葉期に。日当たりと水はけがよく、夏は涼しく、肥沃で適度に湿潤な場所が理想的。寒冷地や高山に自生する小花木。花芽は新梢の先につくられるので、春の萌芽から開花までは剪定を控える。放任しても樹形は整うが、大きくなりすぎたら適宜刈り込む。古枝は元から切り取り、更新を図る。2月に寒肥を施す。生育が遅いことからロックガーデンや庭石の根元に植えるのに向く。

ギンロバイ：キンロバイの白花種。自生種は黄花か白花だが、そのほかに、赤やオレンジ、ピンクなどさまざまな花色の園芸品種がある

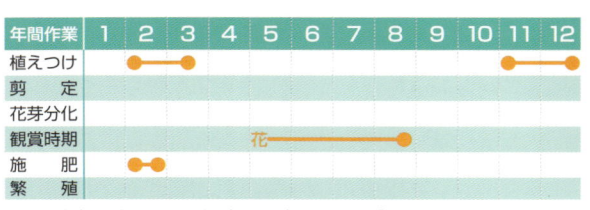

主に夏に咲く

年間作業	1	2	3	4	5	6	7	8	9	10	11	12
植えつけ		●―	―●							●―	―	―●
剪定												
花芽分化												
観賞時期				花								
施肥		●―●										
繁殖												

＊撮影協力：第14回国際バラとガーデニングショウ

キンロバイ　　　　ギンロバイ

クサギ〈臭木〉の仲間

Clerodendrum
クマツヅラ科クサギ属

落葉低木〜小高木(樹高3〜8m)／雌雄異株
葉に悪臭があるが、花は芳香を辺り一面に漂わせる

　植えつけは2月中旬〜3月中旬が適期。日当たりのよい、腐植質に富んだ肥沃で適湿な場所を好む。日照が不足すると花つきが悪くなる。植え穴は大きめに掘り、腐葉土を十分にすき込んでおく。夏、枝先に多数の小花を咲かせる。剪定は花後、混み合った部分の枝を間引き、乱れ枝や長く伸びた枝を整理する。寒肥として油かすと骨粉を同量混ぜて施す。病害虫は少ないが、テッポウムシが発生する。

ゲンペイクサギ：西アフリカ原産の常緑つる性低木。0℃ぐらいまで耐えるが、冬は屋内に。花期は5〜7月頃

クサギ：東アジアに自生する。花期は7〜9月。「臭木」の名のとおり、葉をもむと独特の臭気がするが、花には芳香がある。実は秋に青く熟す

年間作業	1	2	3	4	5	6	7	8	9	10	11	12
植えつけ		●—	—●									
剪　定									●			
花芽分化												
観賞時期							花●—	—	—●			
施　肥		●—●										
繁　殖			実生					実生				

ボタンクサギ：中国原産の落葉低木。ボタンのように美しい花が咲く。花期は7〜9月頃

主に夏に咲く

サルスベリ〈百日紅〉

Lagerstroemia indica
ミソハギ科サルスベリ属

落葉低木〜高木（樹高3〜9m）
炎暑に花を咲かせ続ける、幹肌の美しい木

　植えつけは春か初冬に。日当たり、水はけがよく、腐植質に富んだ肥沃な場所が適している。日当たりが悪いと極端に花つきが悪くなったり、病害虫が発生したりする。放任しても樹形が整うが、小枝が密生し花房が小さく、貧弱な花しか咲かなくなるので、毎年元気のよい新梢を伸ばすよう、落葉期に花の咲いた枝を元から切り取る。花は新梢の先端に咲き、枝のどの位置で切っても萌芽する。

主に夏に咲く

「セミノール」：サルスベリの中では花が大きな品種

「チカソウ」：大きくなっても樹高は50cm程度の極矮性種

「ペチートピンキー」：若木のうちから開花する。花は明るいピンク

秋には紅葉する。写真は矮性の「チカレッド」。花色はローズレッド

シマサルスベリ：サルスベリの中ではもっとも大きく、樹高15〜20mにもなる。花色は白

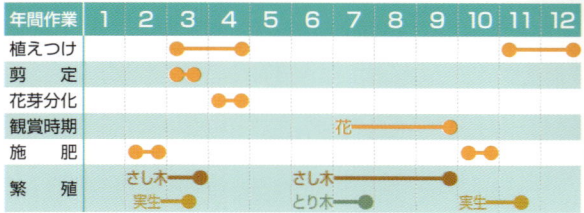

シンボルツリーや家周りの植え込みに。矮性種は花壇にも。また、花色は白〜濃紅色で、バリエーション豊富

年間作業	1	2	3	4	5	6	7	8	9	10	11	12
植えつけ			●—●—●								●—●—●	
剪定		●—●										
花芽分化				●—●								
観賞時期						花——————						
施肥			●—●					●—●				
繁殖		さし木●——●			さし木●————————●					実生●—●		
		実生●——●			とり木●——●							

スイカズラ〈吸い葛〉/ロニセラ

Lonicera

スイカズラ科スイカズラ属

落葉つる性木本(つる長5〜9m)／雌雄同株

すっきりとした甘い香りが漂い、庭を華麗に演出する

　枝が長く伸びて分枝するのでつる性植物として扱い、フェンスやトレリスなどにからませて仕立てる。生育が旺盛でしだいにつるがからみ合い、重なって見栄えが悪くなる。花後に込み入った部分を切り詰めると、勢いのよいつるが増える。花芽はつる全体に7〜8月頃にでき、翌春に花を咲かせる。冬は落葉して樹姿が見やすいので、数年おきに強めに間引き剪定するとすっきりと整う。

スイカズラ：東アジア原産。つる性の常緑樹で、冬にも葉が残るので「忍冬（ニンドウ）」の別名がある。花期は5〜7月頃。花色は咲き始めは白で徐々に黄色に変化する。黄花と白花が同時に見られるので「金銀花（キンギンカ）」とも呼ばれる

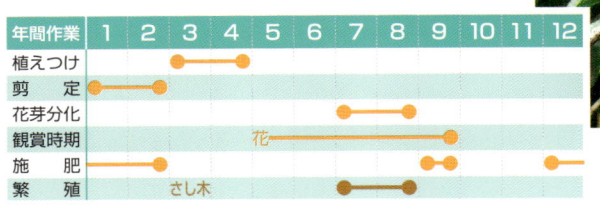

ウグイスカグラ：日本の山地に自生。3〜4月頃に淡紅色の花が咲き、5〜6月頃に赤く熟す実は食べられる

キンギンボク：日本の冷涼な地域に自生する落葉低木。花期は4〜6月頃で、夏に熟す実は有毒。花色は咲き始めは白で徐々に黄色に変化し、スイカズラに似るが、本種は葉の表面にしわがよる

主に夏に咲く

年間作業	1	2	3	4	5	6	7	8	9	10	11	12
植えつけ			●―――●									
剪　定						●――●						
花芽分化							●―――●					
観賞時期				花―――――●								
施　肥	●―――――●							●―●			●	
繁　殖		さし木				●―――●						

スイカズラ/ロニセラ

ツキヌキニンドウ：北米原産。つる性の常緑樹。花の下で2枚の葉が癒合し、茎が突き抜けているように見えることからこの名がある。花期は初夏～晩秋と長い

ロニセラ・フレグランティシマ：冬～春に香りのよい花を咲かせる

さまざまな花色の品種があり、ロニセラと総称される

セイヨウスズランノキ（オキシデンドラム）〈西洋鈴蘭の木〉

Oxydendrum arboreum
ツツジ科オキシデンドラム属

落葉低木〜高木（樹高5〜15m）／雌雄同株
見事な紅葉で、世界三大紅葉樹の一つとされる

　芳香のあるスズランに似た花が連なる姿や紅葉が際立って美しく、シンボルツリーに向く。剪定はほとんど不要で、円錐形の端整な樹形に育つ。陽光を好み、日当たりが悪いと花つきが悪くなる上、せっかくの見事な紅葉を堪能できない。生長がゆっくりで、成木になってからの移植は難しいため、植えつける場所は吟味して選ぶ。有機質を多く含む土壌に、苗の根鉢を崩さないように植えつける。

7〜8月頃、スズランに似た白い壺状の花が咲く

主に夏に咲く

年間作業	1	2	3	4	5	6	7	8	9	10	11	12
植えつけ												
剪　　定												
花芽分化												
観賞時期							花			紅葉		
施　　肥												
繁　　殖												

オキシデンドラム・アーボレウム：北米原産の落葉樹で、樹高は5mほど。北海道南部〜沖縄まで植栽可能。暖地でも美しく紅葉する。世界三大紅葉樹の一つに挙げられる

セイヨウニンジンボク〈西洋人参木〉

Vitex agnus-castus

シソ科ハマゴウ属

半常緑低木（樹高1.5～3m）／雌雄同株
夏から晩秋まで咲き続け、シックな紫葉も美しい

　半耐寒性で、よく日の当たる環境を好む。冬の気温が－5℃程度までの地域で、寒風を避け、霜除けすれば越冬可能。寒さで落葉するが、温度があれば常緑となる。過湿を嫌うので水はけのよい土壌に植えつけ、やや乾燥ぎみに育てる。生長が早く、よく分枝して、やや横広がりに育つ。剪定はほとんど不要だが、春の新芽が伸びる前に、古枝や前年に花の咲いた短い枝などを間引く。

主に夏に咲く

セイヨウニンジンボク：花期は7～9月頃

基本種：涼しげな青紫色 　「アルバ」：白花の品種 　「ロゼア」：花は淡紅色

ニンジンボク：中国原産の落葉低木。花期は7～8月頃。名前は葉の形が朝鮮ニンジンの葉に似ていることから

ハマゴウ：海岸生の1mに満たない常緑小低木で、アジア、オセアニア、アフリカなどに広く分布。花期は7～9月頃

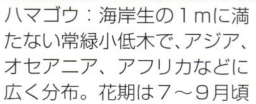

ミツバハマゴウ「プルプレア」：九州南部～東南アジア、オセアニアなどに広く分布するミツバハマゴウの紫色の葉が美しい品種。樹高2～3mほどで、花期は8～9月頃

年間作業	1	2	3	4	5	6	7	8	9	10	11	12
植えつけ		●―	―	―●								
剪定		●―	―	―	―●							●―	―●
花芽分化												
観賞時期						花―	―	―	―●			
施肥		●―	―●									
繁殖			さし木				さし木					

136

ダチュラ(エンジェルストランペット)

Brugmansia
ナス科ブルグマンシア属
落葉低木(樹高1.5～5m)／雌雄同株
ろうと状の大きな花は、まさに天使のラッパのよう

　枝葉が横に大きく広がるのでスペースを考慮し、日なたの排水性がよい肥沃な場所に植えつける。生長が早く、生長期は水を多く必要とする。耐寒性がやや弱いので、冬は鉢植えにして取り込むとよい。関東以西では霜除けして水を控えめにすれば、地植えでも越冬可能。剪定は9月頃、分枝した上2～3節残して切り、混み合った枝を元から切り詰める。その後伸びる枝には、秋に再び花が咲く。

年間作業	1	2	3	4	5	6	7	8	9	10	11	12
植えつけ				●━━━━━●								
剪　定								●━●				
花芽分化												
観賞時期					花━━━━●							
施　肥				(生長期に1か月に1回)								
繁　殖			さし木━━━━●									

木本性で和名は「キダチチョウセンアサガオ(ブルグマンシア)」。以前はダチュラ属とされていたため、今でも園芸店ではその名で扱われることもあるが、ダチュラは一年生の草本(写真右下)

タニワタリノキ〈谷渡りの木〉

Adina pilulifera
アカネ科タニワタリノキ属
常緑低木(樹高3～5m)／雌雄同株
ポンポンを思わせる淡黄色のユニークな花が多数つく

　温帯～熱帯に分布し、日本では九州以南に自生する。寒さに弱く、冬は九州以北では室内などで管理を。日なたのやや湿り気のある肥沃な土壌を好むので、植えつけ時は腐葉土や堆肥をたっぷり施す。細枝が出てよく分枝し、幼苗のうちから花が楽しめる。株立ち状に育つが、自然樹形で整うので剪定はとくに必要ない。萌芽力が強いので、刈り込んだりトピアリーに仕立てたりすることもできる。

主に夏に咲く

年間作業	1	2	3	4	5	6	7	8	9	10	11	12
植えつけ			●━━●									
剪　定												
花芽分化												
観賞時期							花━━●					
施　肥		●━●			●━●			●━●				
繁　殖												

タニワタリノキはタニワタリノキ属の常緑低木で花期は8～9月頃。円内写真はアメリカタニワタリノキ。花はよく似ているが、ケファランサス属の落葉小高木で花期は6～7月頃

デイゴ〈梯梧〉（デイコ）の仲間

Erythrina

マメ科デイゴ属

落葉低木～高木（樹高3～15m）／雌雄同株
真夏の太陽に輝く、鮮やかな赤い蝶形花

　植えつけは十分暖かくなった4月中旬～5月が適期。冬の乾いた風と日陰をとくに嫌うため、風の当たらない、日当たりのよい場所を選ぶ。土質は選ばない。植えつけ後は根元にワラや腐葉土を敷いて保護すると効果的。花は新梢の先端に穂状につく。花の終わった枝は軽く剪定しておく。強剪定は3月。施肥の必要はとくにない。病害虫もほとんど見られない。

サンゴシトウ（珊瑚刺桐）：アメリカデイゴと近縁種との交配種。樹高2～3mで、花期は6～9月頃。このサンゴシトウとアメリカデイゴにはやや耐寒性があり、北関東でも防寒を施せば庭植えで育てられる

主に夏に咲く

年間作業	1	2	3	4	5	6	7	8	9	10	11	12
植えつけ				●―――●								
剪　定	強剪定●											
花芽分化				デイゴ		アメリカデイゴ・サンゴシトウ						
観賞時期				花●―● 花		●―――――――●						
施　肥												
繁　殖			さし木									

アメリカデイゴ：カイコウズ（海紅豆）とも呼ばれる。鹿児島の県木。ブラジル原産の落葉低～小高木。花期は6～9月頃。デイゴは落葉高木で花期は3～5月頃。沖縄の県花となっている

トケイソウ〈時計草〉/パッションフルーツ
Passiflora

トケイソウ科トケイソウ属
常緑つる性木本(つる長4〜6m)／雌雄同株
ユニークな花が目を引く。種類が豊富で選ぶ楽しみも

　熱帯アメリカを中心に熱帯各地に自生し、多くは耐寒性が弱い。18世紀に渡来したとされるペルー、ブラジル原産のカエルレア種はやや耐寒性があり、関東南部以西の暖地では地植えも可能。日当たりを好むが、半日陰でも育つ。排水性がよく、冬の寒風を避けられる場所に植えつける。つるを長く伸ばし、巻きひげがからみついて生長する。剪定は不要。混み合った部分を間引く程度でよい。

壁面緑化やグリーンカーテンにも利用できる

トケイソウ：つる性の常緑樹または多年草で、つるは長く伸びる。花期は7〜9月頃。花色は写真のような白や青系のほかに赤系などさまざま。常緑性だが、耐寒性は種類によって異なり、冬に葉を落とすこともある。虫媒花なので、室内で管理するときは人工授粉を

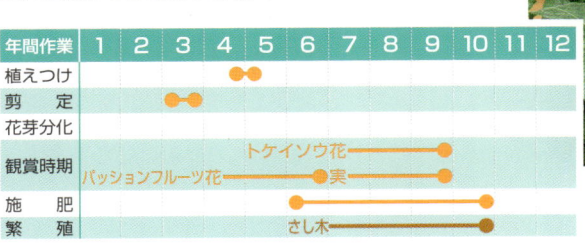

パッションフルーツ(クダモノトケイソウ)：トケイソウの仲間で、花期は4〜6月頃。実は7〜9月頃に熟す。右下写真のように果皮の色が濃くなり、しわが寄ったら食べ頃のサイン

主に夏に咲く

年間作業	1	2	3	4	5	6	7	8	9	10	11	12
植えつけ				●—●								
剪　定		●—●										
花芽分化												
観賞時期					トケイソウ花 ——							
			パッションフルーツ花 ——— 実 ———									
施　肥				●———————●								
繁　殖				さし木 ———								

ニオイバンマツリ〈匂蕃茉莉〉

Brunfelsia australis
ナス科ブルンフェルシア属

常緑低木(樹高1～3m／雌雄同株)
暖地性で、紫色から白に変わる花には芳香がある

　鉢植えが一般的。用土は小粒の赤玉土6、腐葉土3、川砂1の配合で。水切れする前に十分水を与える。7～8月頃、直径3.5～4cmの花が咲く。初めは淡紫色、1～2日後には白色になり、芳香を放つ。生育適温は15～20℃。生育中は月に2回ほど薄めの液肥を施す。熱帯アメリカ原産なのでとくに夜間の室温に注意が必要。近縁のアメリカバンマツリは黄花でよく香り、5℃の室温に耐える。

年間作業	1	2	3	4	5	6	7	8	9	10	11	12
植えつけ			●―	―●								
剪定			●―	―●								
花芽分化												
観賞時期						花―	―	―●				
施肥				●―	―	―	―	―●				
繁殖				さし木								

ノウゼンカズラ〈凌霄花〉の仲間

Campsis grandiflora
ノウゼンカズラ科ノウゼンカズラ属

落葉つる性木本(つる長3～6m)／雌雄同株
ろうと状の花が夏の空に映えるつる性花木

　植えつけは3～4月。つる状の幹が長く伸びるので支柱が必要。日当たりのよい場所に堆肥や腐葉土を多めにすき込んで植えつける。剪定は落葉期に伸びすぎた枝や弱い小枝を付け根から切り、ほかの枝は2～3芽残して切り戻す。つぼみは新梢に20個ほどつくが、咲くのは各枝とも10輪ほど。落ちるつぼみが多い場合は水鉢をつくって十分に水をやる。肥料は花後のお礼肥と1～2月に寒肥を施す。

年間作業	1	2	3	4	5	6	7	8	9	10	11	12
植えつけ			●―	―●								
剪定		●―●										
花芽分化						●―●						
観賞時期							花―	―●				
施肥	●―	―●						●―●				
繁殖				さし木								

ノウゼンカズラ

ノウゼンカズラ

コガネノウゼン：タベブイア属。南米原産の常緑高木。沖縄ではキバナイペーとも呼ばれる。花期は3〜4月頃

ノウゼンカズラ：中国原産のつる性落葉樹。花期は7〜8月頃

アメリカノウゼンカズラ：北米原産でノウゼンカズラより花径がひと回り小さく、細長い。花期は6〜9月頃

ピンクノウゼン：ポドラネア属。南アフリカ原産のつる性常緑樹。花期は8〜10月頃

チョウチンノウゼン：エックレモカルプス属。チリ原産のつる性常緑樹。花期は7〜8月頃

主に夏に咲く

ノボタン〈野牡丹〉/シコンノボタン〈紫紺野牡丹〉

Melastoma candidum（ノボタン）/ *Tibouchina urvilleana*（シコンノボタン）

ノボタン科ノボタン属／シコンノボタン属
半落葉低木〜小高木（樹高1〜3m）／雌雄同株
別属が同名で出回るが、いずれも紫系の花色が美しい

　ノボタンは奄美〜沖縄に自生し、花期は夏。鉢花としてよく出回るのはブラジル原産のシコンノボタン。園芸種も多く、花期は夏〜晩秋。鉢植えは室内で3℃に程度保って管理するが、東京以西の暖地では地植えでも越冬可能。花芽は新梢の先にでき、その年に花が咲く。生長が早く、花が咲いた枝を切り戻すと、新芽が伸びて再び花が咲く。剪定は花後、地際から15〜30cmほど残して切る。

シコンノボタン：シコンノボタン属で、ブラジル原産。8〜11月頃に鮮やかな紫紺色の花が咲く。長い雄しべをクモの脚に見立てて、ブラジリアンスパイダーフラワーとも呼ばれる

主に夏に咲く

年間作業	1	2	3	4	5	6	7	8	9	10	11	12
植えつけ				●—●				●—●				
剪　定						ノボタン●—●			●—●			
花芽分化								シコンノボタン↑				
観賞時期			ノボタン花————									
				シコンノボタン花————————								
施　肥			●———————————●									
				（1か月1回）								
繁　殖												

ノボタン：ノボタン属で、奄美〜沖縄に自生。5〜8月頃に淡紅紫色〜淡紫色の花が咲く

ブッドレア

Buddleja davidii
フジウツギ科フジウツギ属
落葉低木（樹高3～4m）／雌雄同株
藤色の花房が枝先につく。赤や白などの園芸種も

　植えつけは3～4月頃に。日当たり、水はけのよい場所を選び、植え穴には堆肥や腐葉土を十分にすき込む。花芽は新梢に先にでき、その年の7～10月頃に咲く。剪定は2～3月上旬に。前年枝を切り詰めて、花芽がつく新梢を伸ばす。枯れ枝を切り除き、混み合う部分の枝は枝分かれの部分で切る。ひこばえが発生するので、株を大きくしたくない場合は切り除く。花後にはお礼肥を施す。

「藍姫」：矮性で花色は紫色

「紅姫」：矮性で花色は淡紅色

「ナンホーブルー」

「ボーダービューティー」

「ホワイトクラウド」

「ロイヤルレッド」

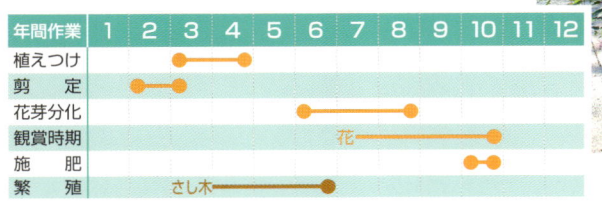

フサフジウツギ：ブッドレア属の代表種。チョウがよく吸蜜にくるのでバタフライブッシュとも呼ばれる。中国原産だが、日本に自生するともいわれている。花期は7～10月頃。花色は紫～白で品種も多い。花色が黄やオレンジの近縁種もある

トウフジウツギ：中国南部原産。樹高は3mほど。花期は6～10月頃

主に夏に咲く

年間作業	1	2	3	4	5	6	7	8	9	10	11	12
植えつけ			●―	―●								
剪　定		●―	―●									
花芽分化						●―	―	―	―●			
観賞時期					花―	―	―	―	―	―●		
施　肥									●	●		
繁　殖			さし木―	―	―	―●						

フヨウ／ムクゲ〈芙蓉／木槿〉

Hibiscus mutabilis／H.syriacus
アオイ科フヨウ属

落葉低木（樹高1.5〜3m）／雌雄同株
フヨウには草本性の近縁種があり、庭木ではモクフヨウとも呼ぶ。

植えつけは3〜4月上旬頃に。フヨウは日なたの適湿地に。ムクゲは日なた〜半日陰地で水はけのよい場所に。土質は選ばない。植え穴には堆肥や腐葉土を十分にすき込む。剪定は落葉期に徒長枝を切り戻す。萌芽力が強く、暖地では春先に間引き剪定を行う場合もある。花芽は新梢の頂芽や側芽にできる。夏から秋にかけて次々と開花するが、地際の乾燥に弱いので要注意。お礼肥と寒肥を施す。

ムクゲ：中国〜西アジア原産。花期は7〜9月頃。1つの花は2〜3日開閉を繰り返す

フヨウ：花期は8〜10月頃。一日花である。写真は「スイフヨウ」。八重咲きで、花が白から淡紅色へと変わる品種（前日の花が淡紅色に色づいてしぼんでいる）

「ヒトエスイフヨウ」：一重咲きのスイフヨウ

「シングルレッド」

「ホワイトシフォン」

「ラージホワイト」

「ラベンダーシフォン」

「赤祇園守（あかぎおんまもり）」

「紫盃（しはい）」

「白花笠（しろはながさ）」

「鳥取花笠（とっとりはながさ）」

「日の丸（ひのまる）」

「耳原花笠（みみはらはながさ）」

主に夏に咲く

年間作業	1	2	3	4	5	6	7	8	9	10	11	12
植えつけ			●—	—●								
剪定	●											—●
花芽分化			●	—●								
観賞時期							フヨウ花					
						ムクゲ花						
施肥		●—●					●—●					
繁殖		さし木			さし木			実生				

144

マンリョウ〈万両〉の仲間

Ardisia crenata
ヤブコウジ科ヤブコウジ属
常緑低木（樹高0.3〜2m）／雌雄同株
万両・百両・十両は同じヤブコウジ科、千両は別科

　ヤブコウジ科の植物は、同じ場所に植えると生育が悪くなる「連作障害」を起こしやすいので場所選びには要注意。適地は半日陰〜日陰地。植え穴には堆肥や腐葉土を十分にすき込む。追肥は2月と9月にリン酸やカリ分の多い肥料を施す。剪定は幹が伸びすぎた株に限り、4月中旬〜5月上旬に切り詰める。花は前年枝の頂部葉腋に白い小花が集まって咲く。実は10月から2月頃まで楽しめる。

ヤブコウジ：ヤブコウジ科。樹高は10〜20cm程度。十両とも呼ばれる

カラタチバナ：ヤブコウジ科。百両とも呼ばれる

センリョウ（千両）：センリョウ科。株はこんもりと茂る。実は晩秋に赤く熟す

「キミノセンリョウ」：実が黄色に熟す品種

センリョウ「カラスバ」：新葉が黒色を帯びる品種

主に夏に咲く

マンリョウ（万両）：ヤブコウジ科。夏に花が咲き、実は晩秋に赤く熟す

年間作業	1	2	3	4	5	6	7	8	9	10	11	12
植えつけ				●━━●					●━━●			
剪定				●━●								
花芽分化					●━━━━●							
観賞時期	━	●━●			花 ●━●			実 ●━━━━━━━━━━━━				
施肥		●━●						●━●				
繁殖			実生 ●━●									

リョウブ〈令法〉

Clethra barbinervis

リョウブ科リョウブ属

落葉低木～小高木（樹高3～7m）／雌雄同株
幹肌が滑らかで茶褐色。6～15cmの花穂を出す

　植えつけは3～4月が適期。寒暖にほとんど左右されずに生育する。半日程度日当たりがある場所であれば十分育つが、水はけの悪い場所は避ける。植え穴には堆肥や腐葉土を十分にすき込む。追肥は必要ない。花期は夏。枝先に白い小花を密につける。花径5～6mmで花弁の先が深く五つに裂け、極小のウメの花を思わせる。剪定は徒長枝の切り戻し程度でよい。

主に夏に咲く

リョウブ：日本と韓国・済州島に自生。花期は7～9月頃。白い花穂が樹冠を覆うように咲く。茹でた新葉をごはんに混ぜ込んで令法飯（りょうぶめし）をつくる

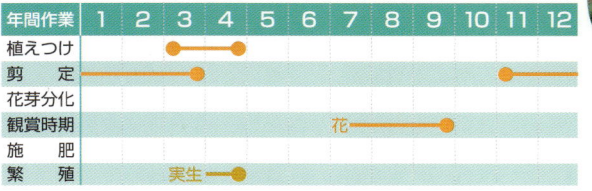

年間作業	1	2	3	4	5	6	7	8	9	10	11	12
植えつけ			●—	—●								
剪定			●—	—	—	—	—	—	—	—●		
花芽分化												
観賞時期					花 ●—	—	—●					
施肥												
繁殖		実生 ●—	—●									

アメリカリョウブ：北米原産。7～8月頃に芳香のある花が咲く。リョウブよりも花つきがよい。左は白花の「ハミングバード」で、樹高は1m程度。右は淡紅色の花が咲く「ピンクスパイヤー」で、樹高は2～3mになる

コバノセンナ〈小葉の旃那〉（カッシアの仲間）

Senna pendula
マメ科カワラケツメイ属
落葉半つる性木本（樹高2〜4m）／雌雄同株
花の少ない秋から冬、目を引く黄金の花が咲き誇る

　南アメリカ原産で寒さに弱いので暖地では常緑樹として扱うが、鉢植えにして冬は室内で楽しむ。クリスマスセンナの英名の通り、温度があれば冬中咲き続ける。霜の降りない場所で気温が0℃以上あれば根が残るので、地上部は枯れるが多年生植物として扱える。やせた土地でも育ち、花がやや少なくなるが半日陰でも耐える。植えつけは春に行い、花後か落葉後に強剪定して若枝に更新する。

年間作業	1	2	3	4	5	6	7	8	9	10	11	12
植えつけ				●―●―●								
剪　定			●―●								●―●	
花芽分化												
観賞時期										花―●―●		
施　肥			●―●			●―●						
繁　殖												

いくつかの種類が出回っている。コバノセンナは南米原産で樹高2〜3mほど。花期は10〜12月頃。宮崎の日南海岸に名所がある。ハナセンナも南米原産で樹高2〜3mほど。花期は9〜10月頃。「アンデスの乙女」の名で扱われる。モクセンナ（キダチセンナ）は東南アジア原産で樹高3〜5mほど。花期は10〜12月頃

ツバキ／サザンカ〈椿／山茶花〉

Camellia japonica ／ C.sasanqua
ツバキ科ツバキ属
常緑小低木〜高木（樹高0.3〜10m）／雌雄同株
茶花としても人気が高い

　植えつけは4月と8月下旬〜10月上旬が適期。半日陰でも育つが、できるだけ日当たり、水はけがよく、腐植質に富んだ肥沃な場所が適している。花芽は6〜7月頃、花後に伸びた新梢の頂部につくられる。剪定は花の終わった直後が適期。施肥は寒肥え、花後のお礼肥え、8〜9月の追肥と3回施す。病害虫としてはチャドクガがよく発生する。発生期は4〜8月。定期的な薬剤散布で防除する。

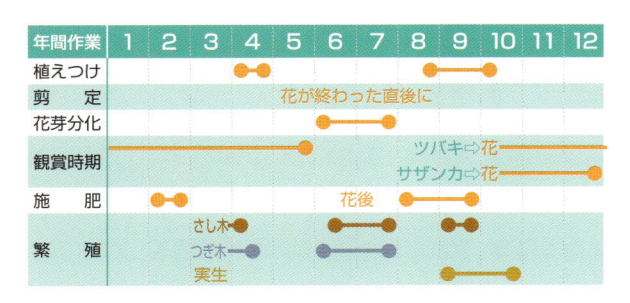

秋から冬にかけて咲く

年間作業	1	2	3	4	5	6	7	8	9	10	11	12
植えつけ				●―●				●―●―●				
剪　定			花が終わった直後に									
花芽分化						●―●						
観賞時期			●――――ツバキ⇒花―●					サザンカ⇒花―●――●				
施　肥		●―●			花後 ●―●			●―●				
繁　殖			さし木 ●―●					●―●				
			つぎ木 ●―――――●									
			実生 ●―●									

写真のように、ツバキの雄しべは基部で癒合するが、サザンカは癒合しない。また、ツバキの花は固まって落ち、サザンカは花弁が一枚ずつ散る。花期は、ツバキの多くは秋〜春で、サザンカの多くは冬に咲く

ツバキの品種

ヤブツバキ：日本に自生するツバキの基本種		「赤腰蓑（あかこしみの）」	「明石潟（あかしがた）」	「乙女椿（おとめつばき）」
「京小袖（きょうこそで）」	「白錦魚葉椿（しろきんぎょばつばき）」	「草紙洗（そうしあらい）」	「袖隠（そでかくし）」	「玉川（たまがわ）」
「鴇の羽重（ときのはがさね）」	「春の台（はるのうてな）」	「日暮（ひぐらし）」	「松笠（まつかさ）」	「眉間尺（みけんじゃく）」

サザンカの品種 ＜サザンカ系＞

秋から冬にかけて咲く

「梅が香（うめがか）」	「七福神（しちふくじん）」	「東雲（しののめ）」	「蜀紅錦（しょっこうにしき）」	「田子の月（たごのつき）」
「立田川（たつたがわ）」	「花大臣（はなだいじん）」	「富士の峰（ふじのみね）」	「明月（めいげつ）」	＜ハルサザンカ系＞「笑顔（えがお）」

＜カンツバキ系＞

「乙女（おとめ）」	「勘次郎（かんじろう）」	「金晃（きんこう）」	「獅子頭（ししがしら）」	「昭和の栄（しょうわのさかえ）」

ツバキ/サザンカ

洋種ツバキ

「ギガンテア」 　「スイートハート」 　「スターブライト」 　「ダッチェスオブサザーランド」 　「ドロシージョンソン」

「ハワードアスパー」 　「ファイアーフォールズ」 　「フレグラントピンク」 　「マソティアーナ・ルブラ」 　「ルックアウェイ」

近縁種

イジュ：日本特産種で沖縄などに自生。樹高は20mにもなる。花期は5月頃

フランクリニア：北米原産。樹高は2mほど。花期は8〜9月頃。紅葉も美しい

イジュ×フランクリニアの交配種

ゴードニア・ラシアンサス：北米原産。樹高3〜4mほど。花期は7〜8月頃。紅葉も美しい

秋から冬にかけて咲く

チャノキ：放任すると樹高は2mほど。花期は10〜11月頃。葉に白斑の入る品種もある

ヒメサザンカ：沖縄などに自生し、リュウキュウツバキとも呼ばれる。樹高は5〜8mほど。冬に香りのよい小花を咲かせる

ウスバヒメサザンカ：台湾原産。樹高は2mほど。早春に白い小花を咲かせる。ウスバヒメツバキとも呼ばれる

フラテルナ：中国原産。白鳩椿（しらはとつばき）と呼ばれる

149

ハギ〈萩〉

Lespedeza

マメ科ハギ属

落葉低木（樹高1〜2m）／雌雄同株
枝いっぱいに咲く蝶形花を楽しむ

　植えつけは3月頃に。日当たりと水はけのよい場所が適している。常緑樹の下や湿り気が多いところでは生育が悪い。肥料は2〜3年に1回、2月頃に芽出し肥として化成肥料を施す。剪定は落葉後2月までの間に地際から30〜40cmまで刈り込む。花芽は春に伸びる新梢の中ほどから先端にかけて分化し、晩夏から秋にかけて花が楽しめる。さび病にかかることがあるので適応する薬剤を散布する。

キハギ

キハギ

シロバナハギ

ニシキハギ

ヤマハギ

ミヤギノハギ

秋から冬にかけて咲く

年間作業	1	2	3	4	5	6	7	8	9	10	11	12
植えつけ			●―●									
剪　定	●―●											●
花芽分化							●――●					
観賞時期								花		――(種類による)		
施　肥		●―●										
繁　殖			さし木			さし木						

よく見かけるミヤギノハギの花期は7〜10月頃。長く枝垂れる枝いっぱいに花をつける。キハギの花期は7〜8月頃。立ち性で樹高は3mにもなる。シロバナハギの花期は9〜10月頃。ニシキハギの花期は8〜10月頃。ヤマハギも代表的な種類で花期は9〜10月頃。やや立ち性でこんもりと茂る

アベリア

Abelia × grandiflora

スイカズラ科ツクバネウツギ属
半落葉低木（樹高1～2m）／雌雄同株
やせ地でも育ち、初夏～晩秋まで甘い香りの小花が咲く

　強健で乾燥や強風、暑さや寒さにも比較的強く、やせ地、半日陰でも耐える。花期が長く、当年枝の先に次々と花を咲かせるのも魅力。樹勢が強く萌芽力が旺盛なので強剪定してもよい。放任すると株があばれて雑然とした印象になり、下葉が落ちて、古枝には花が少なくなるため、育てる場所に合わせて刈り込むとよい。コンパクトに仕立てるときは2～3月に強剪定し、その後もまめに刈り込む。

アベリア・グランディフロラ：シネンシスとユニフロラの交配種。ハナゾノツクバネウツギとも呼ばれる

「エドワードゴーチャー」

「ルビーアニバーサリー」

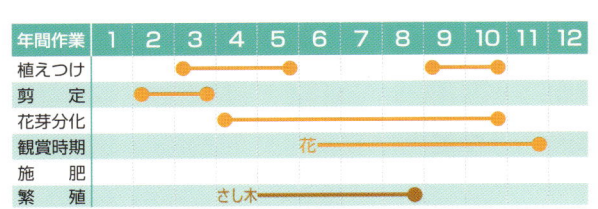

「コンフェティ」

「サンライズ」

「ジャックポット」

年間作業	1	2	3	4	5	6	7	8	9	10	11	12
植えつけ			●	●	●				●	●		
剪　定		●	●									
花芽分化			●	●	●	●	●	●	●	●		
観賞時期				花								
施　肥												
繁　殖			さし木									

花期が長い

アベリア

「フランシス・メイスン」

「ホープレイズ」

ツクバネウツギ：アベリアの仲間で日本の山地などに自生。樹高は2mほど。花期は4～6月頃

コツクバネウツギ：本州中部以西の林縁などに自生。樹高は1～2m。花期は5～6月頃

ギョリュウ〈御柳〉

Tamarix chinensis
ギョリュウ科ギョリュウ属

落葉低木～小高木（樹高3～8m）／雌雄同株
針葉樹に似た樹姿、ピンクの花穂が涼を招く

植えつけは春と初冬が適期。湿地に適する数少ない花木。日当たりのよい湿潤な場所が適しているが、普通の庭でもよく育つ。乾きやすい庭では植え穴を大きめに掘り、堆肥を十分にすき込んで保湿性をもたせてやる。花は新梢の先のほうに穂状となって開花する。剪定は落葉期に。樹勢が強く、萌芽力もあるが枝垂れる自然の姿を楽しみたい。2月に寒肥を少量施す。病害虫はほとんど見られない。

花期が長い

年間作業	1	2	3	4	5	6	7	8	9	10	11	12
植えつけ			●―●―●								●―●―●	
剪定	●―●―●										●―●―●	
花芽分化				ほぼ通年								
観賞時期					●―●		●―●					
施肥		●―●										
繁殖					さし木							

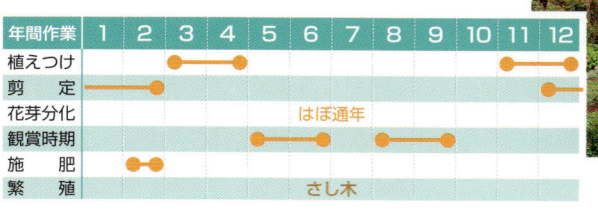

上は中国原産のギョリュウ。下は南ヨーロッパ～西アジア原産のタマリクス・テトランドラ。花はギョリュウよりも濃い紅色

グレビレア・ジョンエヴァンス

Grevillea 'John Evans'
ヤマモガシ科グレビレア属

常緑低木（樹高0.5～1.5m）／雌雄同株
目を引くユニークな花姿で四季咲き性もある

　グレビレア属には多くの原種があり、樹形や花は変化に富む。本種はその交配種で丈夫で育てやすく、日なた～半日陰に向く。ローズマリーに似た細葉で、コンパクトなブッシュ状に育ち、剪定はほとんど不要。肥料も控えめでよく、とくに、一般の花木用肥料にも多く含まれるリン酸は不要。冬に7℃を下回る場所では、鉢植えにして室内に取り込むとよい。

年間作業	1	2	3	4	5	6	7	8	9	10	11	12
植えつけ												
剪定												
花芽分化												
観賞時期			花：周年									
施肥												
繁殖												

剪定は、花後に混み合った部分や不要枝を切り詰める程度でよい

クレマチス

Clematis
キンポウゲ科センニンソウ属

常緑・落葉つる性木本（つる長1～5m）／雌雄同株
花色・花容の豊富なのが魅力

　植えつけは2月、寒冷地では4～5月が適期。日当たり、水はけがよく、腐植質に富んだ肥沃な場所が適している。多くの品種があり、花の咲き方で剪定法も多少異なる。はっきりしないときは、芽の動き始める前の12月に、前年に伸びたつるを半分くらい切り詰めておく。四季咲き性は花後、開花枝を切り詰める。2月に油かすに骨粉を同量混ぜたものを2握り、5～6月と9月に一握り施す。

年間作業	1	2	3	4	5	6	7	8	9	10	11	12
植えつけ		●—●		●—⇨寒冷地								
剪定									花後と⇨	●—●		
花芽分化												
観賞時期			花：品種による（一季咲き／四季咲き／冬咲き）									
施肥		●—●			●—●				●			
繁殖		株分け		さし木								

クレマチス・アーマンディー：中国原産の常緑性。つるを長く伸ばして大株になる。花期は4～5月頃

花期が長い

クレマチス

クレマチス・シルホサ：花期は11〜3月頃

「アンドロメダ」：花期は5〜9月頃

「ヴィル・ド・リヨン」：四季咲き性

さまざまな原種や園芸品種があり、性質も常緑性／落葉性、一季咲き（5〜7月頃）／四季咲き（5〜6月、8月、9〜10月頃）／冬咲き（11〜3月頃）とさまざま

サザンクロス（クロウェア）
Crowea

ミカン科クロウェア属

常緑小低木（樹高0.5〜1m）／雌雄異株
小さな葉と星形の愛らしい花で、鉢花としても人気

　オーストラリア南東部に自生する植物で、寒さにやや弱い。南関東以南で霜が降りなければ越冬可能だが、それ以外は晩秋以降は室内へ。小枝を多く出してこんもりと育てたいときは、幼苗のうちに先端を摘み取る。剪定はほとんど不要だが、下葉が落ちた古枝や不要枝は根元から間引き、若い枝に更新すると花つきがよくなる。強光に弱いので、夏は60％程度の遮光下か半日陰で管理を。

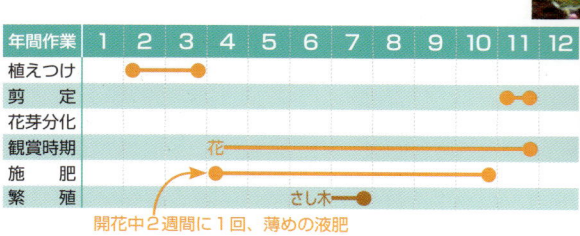

花期が長い

年間作業	1	2	3	4	5	6	7	8	9	10	11	12
植えつけ		●—	—●									
剪　定										●—●		
花芽分化												
観賞時期			花●—	—	—	—	—	—	—	—●		
施　肥			●—	—	—	—	—	—	—	—●		
繁　殖				さし木●—●							

開花中2週間に1回、薄めの液肥

枝が直立するタイプ、横に張り出すタイプ、中間タイプがあるので好みで選ぶ

ソラナムの仲間
Solanum

ナス科ナス属

常緑低木（樹高0.2〜4m）／雌雄同株
ナスの花に似た愛らしい小花でいっぱいに覆われる

多くの種があり、日本に自生するヤマホロシ、矮性などの品種も多いツルハナナスもこの仲間。生長が早く日なたを好むが半日陰でも育ち、トレリス仕立てなどに向く。ボリュームを抑えたいときに切り詰める程度で、ほとんど手入れは不要。近年日本でソラナムの名前で流通されることがあるラントネッティーは株立ち状に育つ常緑樹で、4m以上になるが刈り込んで低く育てることもできる。

ツルハナナス：ブラジル原産。つる性の常緑低木。花期は7〜10月頃。直径2cmほどの花が、咲き始めの淡青色から徐々に白へと変わる。ヤマホロシの名でも出回るが、本来のヤマホロシは同科同属で、日本にも自生する多年草。直径1cmほどの淡紫色の花が咲く

ソラナム・ラントネッティー：アルゼンチン〜パラグアイ原産。樹高2mほどの常緑低木。花期は5〜11月頃と長い。英名のブルーポテトブッシュでも呼ばれる。萌芽力が強く、花後半分くらいまで切ってよい

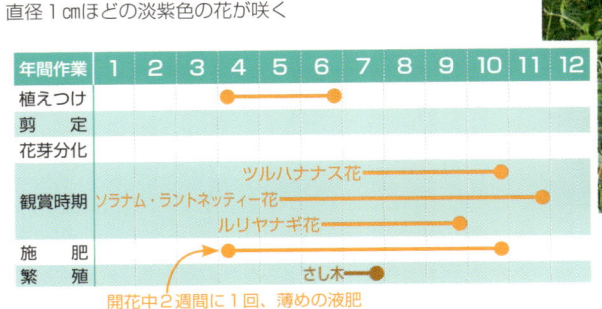

ルリヤナギ：ブラジル原産。樹高1〜2mほどの常緑低木。花期は6〜9月頃。ヤナギのような細い葉をもち、リュウキュウヤナギとも呼ばれる

年間作業	1	2	3	4	5	6	7	8	9	10	11	12
植えつけ				●―――――●								
剪定												
花芽分化												
観賞時期 （ツルハナナス花）						●―――●―――●						
観賞時期 （ソラナム・ラントネッティー花）				●―――――――――――●								
観賞時期 （ルリヤナギ花）					●―――――●							
施肥			●―――――――――――――●									
繁殖				さし木 ●―――●								

開花中2週間に1回、薄めの液肥

花期が長い

ツツジ/サツキ〈躑躅／皐月〉

Rhododendron／R.indicum
ツツジ科ツツジ属

常緑・落葉低木(樹高0.5～3m)
春～初夏を彩る代表的な花木で、種類・品種が豊富

　植えつけの適期は、常緑性は春～初夏と秋。落葉性は落葉期。日当たり、水はけのよい肥沃な場所が適する。酸性土を好むので、植え穴には腐葉土、鹿沼土、ピートモスを十分にすき込んでおく。花芽は夏頃、新梢の先端につくられる。剪定は花の終わった直後に行う。常緑性は萌芽力が強く、強い刈り込みができる。落葉性は萌芽力が弱く、刈り込む必要はない。樹形を乱している枝を整理する程度。

キリシマツツジ：常緑性。4～5月頃に花径3～4cmの花が多数咲く。品種が多い(写真は左：日の出霧島、右：本霧島)

エクスバリーアザレア(セイヨウツツジ)：イギリスで、レンゲツツジを元につくられた品種群。花色が鮮やか。左：「オールド・ゴールド」、右：「ファイアー・ボール」

クロフネツツジ：落葉性。5～6月頃、大輪の花が咲く

ゲンカイツツジ：落葉性。3～4月頃、葉が出る前に花が咲く。白花の品種もある

コゴメツツジ：常緑性。花期は6月頃。枝先に小花が集まって咲くので、穂咲きツツジとも呼ばれる

バイカツツジ：落葉性。6～7月頃、ウメに似た小さな花が咲く。秋には紅葉も楽しめる

オン(雄)ツツジ：落葉性。花期は4～5月頃。写真は白花だが、普通は朱色

花期が長い

年間作業	1	2	3	4	5	6	7	8	9	10	11	12
植えつけ		常緑性　　　　　　　　　常緑性										
		落葉性										
剪　定				花が終わった直後に								
花芽分化												
観賞時期			花　　　　　　(種類による)									
施　肥				花が終わった直後と⇨								
繁　殖		さし木　　さし木										
		実生						実生				

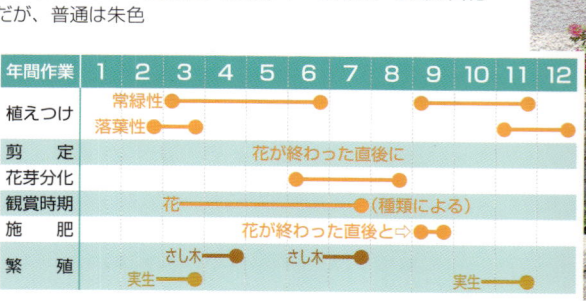

ヒラドツツジ：常緑性。4～5月頃に大輪の花を咲かせる。写真の「オオムラサキ」が植え込みなどによく用いられる

ツツジ/サツキ

ミツバツツジ：落葉性。4〜5月頃、葉が出る前に花が咲き、花後、枝先に3枚の葉がつく。変種が多い

ツツジ「金子玄海(かねこげんかい)」：常緑性。4〜5月頃、花は枝先で手まり状になる

サツキ：小型で常緑性のツツジ。花期が5〜7月頃と、他のツツジ類よりやや遅いので「皐月(旧暦5月、新暦5月下旬〜7月上旬)」と呼ばれる。数多くの品種がつくられている

ツツジ「吉野(よしの)」：常緑性。ツツジとシャクナゲの交配種で非常に花つきがよい。花期は3〜4月頃

デュランタ

Duranta repens(erecta)
クマツヅラ科デュランタ属

常緑低木(樹高2〜5m)／雌雄同株
房状にかたまって咲く小花には甘い香りがある

　寒さに弱く、植えつけは気温の安定している5〜9月が適期。日当たり、水はけのよい、肥沃で適湿な場所を好む。植え穴には堆肥や腐葉土を十分にすき込んでおく。真夏の直射日光は葉が焼けるので遮光が必要。冬は関東以北では、鉢に上げて室内で管理したほうが無難。花は新梢の葉腋から花房を出し次々と咲く。剪定は生長期に。樹形を乱す伸びた枝や花が咲き終わった枝先はこまめに切り戻す。

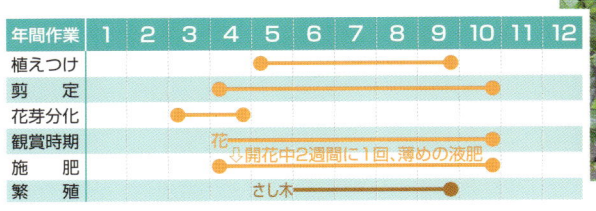

年間作業	1	2	3	4	5	6	7	8	9	10	11	12
植えつけ					●━━━━━━━━━●							
剪　定			●━━━━━━━━━━━━━●									
花芽分化			●━━●									
観賞時期					花●━━━━━━━━━━●							
施　肥					●開花中2週間に1回、薄めの液肥━━━━●							
繁　殖			さし木●━━━━━━━━━━━●									

「タカラヅカ」

花期が長い

ハイビスカスの仲間

Hibiscus

アオイ科フヨウ属

常緑低木（樹高2〜3m）／雌雄同株
花色は鮮紅色のほかに純白、黄色など多彩

　越冬温度は5℃以上。庭植えにする場合、冬は鉢に上げて室内で管理する。15℃以上あれば一年中、花を楽しむことができる。日当たりのよい場所を選び、堆肥と腐葉土を多めにすき込んで植えつける。花芽は新梢の頂部に分化し、7〜10月に開花。開花中、2か月に1回のペースで追肥を施す。剪定は花後、その枝の基部を5〜10cm残して切り戻す。寒肥は不要。さし木で容易に繁殖できる。

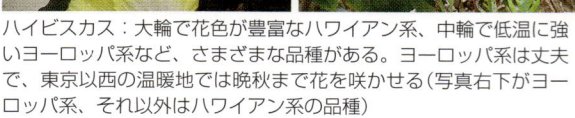

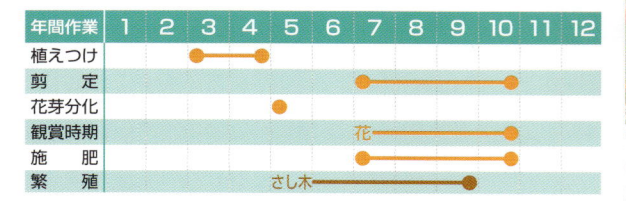

ハマボウ：千葉県以西の海岸周辺に自生する。落葉性で樹高は2〜3m。7〜8月頃、花径5cmほどの花が咲く

ウキツリボク

ハイビスカス：大輪で花色が豊富なハワイアン系、中輪で低温に強いヨーロッパ系など、さまざまな品種がある。ヨーロッパ系は丈夫で、東京以西の温暖地では晩秋まで花を咲かせる（写真右下がヨーロッパ系、それ以外はハワイアン系の品種）

アブチロン：熱帯〜亜熱帯に分布するアブチロン属の総称。寒さに弱いので鉢植えが無難だが、ウキツリボク（チロリアンランプ）は、東京以西の温暖地なら庭植えで越冬できる

花期が長い

年間作業	1	2	3	4	5	6	7	8	9	10	11	12
植えつけ			●―	―●								
剪　　定						●―	―	―	―	―●		
花芽分化				●								
観賞時期							花―	―	―	―●		
施　　肥						●―	―	―	―●		
繁　　殖			さし木―	―	―●							

バラ〈薔薇〉

Rosa
バラ科バラ亜科バラ属
常緑・落葉低木、つる性／雌雄同株
四季咲き性で花形、花色が豊富な花木の女王

　北半球に分布し、日本にもノイバラやテリハノイバラ、ハマナスなどが自生する。花の色や形、大きさ、樹形などの異なるさまざまな品種がつくられている。さまざまな分類のしかたがあるが、樹形別にみると立ち木性、半つる性、つる性、矮性（ミニチュアに）分類される。園芸品種については主に、大輪咲きのハイブリッドティ（H.T）系、中輪房咲きのフロリバンダ（F）系、つる性のクライミング（CL）系に大別される。また、H.T系が作出される前の品種をオールドローズ（その多くは一季咲きだが、四季咲き性をもたせたイングリッシュローズもある）、それ以降のH.T系やF系、CL系の品種をモダンローズと呼ぶ。現在よく見かける品種の多くはモダンローズだが、H.T系、F系、CL系でやや性質が異なるので、その特徴と育て方のポイントを紹介する。

[ハイブリッドティ（H.T）系]

　苗木の植えつけ適期は2月。日当たりと水はけのよい所を選び、深さ40cmほどの植え穴を掘る。完熟堆肥などの有機質肥料をたっぷりと施し、肥料に直接触れないよう、間に土を加えてから根を広げて植える。バラの生育期には十分な追肥が必要で、4月上旬、6月下旬、9月上旬の3回、油かすとリン酸分の多い化成肥料を等量混ぜて施す。翌年の芽出しのため、12〜2月の間に寒肥を与えることも必要。植えつけ後、地際から勢いのよい枝（台芽）が発生したら必ず切り除く。1番花（直径14〜15cm）が5月から咲き始めるが、咲き終えたら3枚の複葉を付けて切り除く。7月

「アイスバーグ」 　「アキト」
「ウィリアム・ロブ」 　「ウィンナー・シャルメ」 
「ガールガイズ・センテナリー」 　「クイーンマザー」 
「クレア・マーシャル」 
「ゴールド・バニー」 　「サラバンド」

花期が長い

頃に咲く2番花はつぼみのうちに摘み取り、9月まで枝葉を茂らせてから枝元に2～3枚の葉を残して剪定すると、その後に伸長する枝に10月頃、再び大輪の花が咲く。

[フロリバンダ（F）系]
　苗木の植えつけや施肥の方法はH．T系と同じだが、株は直立性で半八重咲きの花が房状につく。花期は5～6月で、直径10cm前後の中輪。花色は豊富で、黄味を含んだオレンジ、淡いピンク、黄に紅覆輪など変化に富む。

[クライミング（CL）系]
　新梢が株立ちになり、つる状に長く伸びるのが特徴で、ポール仕立て、アーチ仕立て、フェンス仕立てなど楽しみ方も多様。四季咲きで花の直径が5～6cmの品種が多い。品種によって伸びる勢いは異なるが、通常秋までに3mほどの長さに生長し、枝の随所に開花する。秋の花が咲き終えたら、12月中旬～1月の間に各枝とも3～4節を残して切り戻しておく。翌春には随所から新芽が発生し、つるの本数が増える分、より花数も多くなる。

[病害虫の防除]
　各系統とも樹勢や花つきがよい反面、病害虫の発生が多い花木。主な病気では、うどんこ病（4～5月、9月）、黒星病（5～10月）が発生しやすい。発生時期には月2回、殺菌剤を散布して予防する。害虫では、アブラムシ（3～10月）、ハダニ（7～8月）の被害が多いので、発生時期には前もって殺虫剤と殺ダニ剤を散布する。また、つぼみがついた花茎が折れ曲がったらバラクキバチの幼虫によるので、その茎は焼却する。

「ジェームズ・ギャルウェイ」

「ジョゼフィン・ブルース」

「白妙（しろたえ）」

「チャールストン」

「アプリコットドリフト」

「スウィートドリフト」

「ピンクドリフト」

「レッドドリフト」

「ドリフトシリーズ」：矮性で四季咲き。花つきが非常によく、病気に強い
©MEILLAND INTERNATIONAL Photos:DOUBLE M PRODUCTION

花期が長い

「ピース」

「パパメイアン」

「はまみらい」

バラ

「バレリーナ」　「フェローシップ」　「ブルー・ムーン」　「フロリードール」

「ペルシアン・ミステリー」　「ホワイト・マスターピース」　「マジック・キャローセル」　「マリア・カラス」

「モナリザ」　「ラグナ」　「ラプソディー・イン・ブルー」　「ランドラ」

「ルイ14世」　「ローズ・ドゥ・レッシュ」　サンショウバラ：日本特産種　テリハノイバラ：東アジア原産

ハマナス：東アジア原産。実は食べられる　モッコウバラ：中国原産。常緑つる性でとげがない

花期が長い

ブーゲンビリア（ブーゲンビレア）

Bougainvillea
オシロイバナ科ブーゲンビリア属
常緑つる性木本（つる長4〜5m）／雌雄同株
中南米原産の熱帯花木で、交配改良種が極めて多い

　温室内の植え込みや鉢植えでは年間を通じて観賞できるが、耐寒性に乏しい。戸外に植えつける場合は、日当たりと水はけのよい場所を選ぶ。越冬温度は5〜10℃。花期は春〜夏。花は中心に集まってつく。花弁に見えるのは3枚の苞（ほう）。交配改良種では8枚のこともある。苞の色はピンク、スミレ色、紫桃色など。剪定は毎年花後に行う。芽出し前（2月下旬）に化成肥料を施す。

花（実際は苞）の色は種類によってさまざま

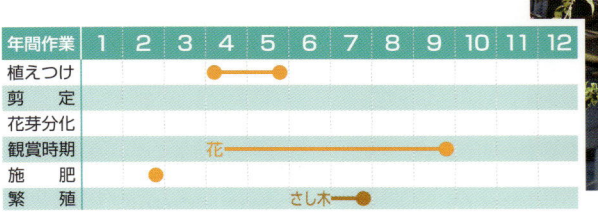

冬の気温が0℃を下回る地域では、鉢植えが無難（温暖地では生け垣などに利用することも）

葉に白斑が入る品種もある

花期が長い

フクシア(ホクシア)

Fuchsia
アカバナ科フクシア属

常緑・落葉低木(樹高0.3〜2m)／
高温多湿と寒さに弱いので、鉢植えで管理する

　植えつけは3〜4月頃に。排水性・保水性ともによい用土で、堆肥や腐葉土を混ぜ込んでおく。暑さに弱く、通風のよい所で育てるが、冬期も15〜20℃の室温を保つ。花は条件によって4〜10月の長期間咲かせることができる。乾燥に弱いので早めに水やりを。また肥料分が切れると極端に花数が減るので注意する。剪定は春先に好みの樹高に枝先を切り戻し、葉腋から新梢を発生させる。

フクシア・マゼラニカ：原種の一つ

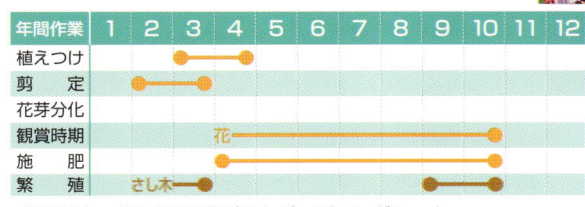

主に中南米の冷涼な山地などに自生する常緑・落葉低木。低温にはやや強く、5℃まで耐えるが、夏の高温には弱いので、管理のしやすい鉢植えが無難。120種を超える原種があり、ヨーロッパではそれらを元に数多くの園芸品種がつくられている

花期が長い

年間作業	1	2	3	4	5	6	7	8	9	10	11	12
植えつけ			●—	—●								
剪　定		●—	—	—●								
花芽分化												
観賞時期				花 ●—	—	—	—	—	—	—●		
施　肥			●—	—	—	—	—	—	—●		
繁　殖		さし木 ●—	—	—●				●—	—●		

＊撮影協力：第14回国際バラとガーデニングショウ

モクセイ〈木犀〉の仲間

Osmanthus
モクセイ科モクセイ属
常緑低木〜小高木(樹高3〜4m)／雌雄異株
キンモクセイの花色は橙黄、ほかはすべて白

　植えつけは日当たり、水はけがよい場所に。植え穴には堆肥や腐葉土を十分にすき込む。秋、葉腋に開花して芳香を放つ。剪定は花後か2〜3月、繁りすぎた樹冠の枝すかしを主に行う。2月頃と花後にカリ分の多い肥料を施す。ハダニやカイガラムシが発生しやすいので定期的に駆除する。大気の汚れに敏感で、一般的に花つきが悪くなる。とくに8月には、こまめに葉に水をかけるとよい。

ギンモクセイ：単にモクセイとも呼ばれる基本種。花色は白。香りはキンモクセイより弱い。花期は9〜10月頃。春〜初夏と秋〜冬に咲く四季咲き性の品種もある。中でも「スイートオリーブ」は樹高1mほどの矮性種で、鉢植えにも向く

花期が長い

年間作業	1	2	3	4	5	6	7	8	9	10	11	12
植えつけ				●—	—	—●			●—	—●		
剪定		●—	—●							●—	—●	
花芽分化							●—	—●				
観賞時期									花—	—●		
施肥		●—●							●—●		
繁殖				さし木—	—	—●						

キンモクセイ：ギンモクセイの変種。花色はオレンジ色で香りが強い

モクセイの仲間

ウスギモクセイ：ギンモクセイの変種。花色は淡黄色。これがキンモクセイの母種という説もある。また、キンとギンの雌木は日本に入っていないとされるが、ウスギモクセイは雌木も入っていて、実がなることもある

オスマンサス・デラヴァイ：中国原産の常緑低木。樹高は2m程度。3〜4月頃に香りのよい白花を咲かせる

ヒイラギ：花期は9〜10月頃。キンモクセイに似たよい香りの白花が咲く。雌木に結実して翌年の6〜7月頃に熟す

ヒイラギモクセイ：ヒイラギとギンモクセイの交配種とされる。花期は9〜10月頃。香りのよい白花が咲く。日本には雌木は入っていないとされる

花期が長い

ラベンダー/ローズマリー

Lavandula / Rosmarinus officinalis
シソ科ラヴァンデュラ属／ロスマリヌス属
常緑小低木（樹高0.5～0.6m）／雌雄同株
淡紫色の花と香りで、知名度1・2位を争うハーブ

植えつけは4～5月頃に。日当たりと水はけのよい場所を選ぶ。剪定は徒長枝の切り戻しを春に行う。花芽は新梢の先端にできる。品種にもよるが、ラベンダーは5～7月、ローズマリーは真夏を除く長期間咲く。真夏の強い日差しは避け、水を与えて過度の乾燥を防ぐ。2月頃に遅効性の化成肥料を少量、株回りに浅くすき込む。チッ素肥料を与えすぎると株が弱るので要注意。

イングリッシュラベンダー「ヒドコート」：樹高がやや低めの品種

イングリッシュラベンダー「スーパーセビリアンブルー」：日本の気候に合い、育てやすい

イングリッシュラベンダー：薬効成分を多く含むが、日本の高温多湿にはやや弱い

花期が長い

年間作業	1	2	3	4	5	6	7	8	9	10	11	12
植えつけ				●─	─●							
剪定			●─	─●								
花芽分化												
観賞時期			ローズマリー花									
施肥		●─●										
繁殖			さし木				●─	─●				

ラベンダー・インターメディア「プロバンス」：ラバンジン系。イングリッシュラベンダーとスパイクラベンダーの交配種。暑さにも寒さにも強い

ラベンダー/ローズマリー

フレンチラベンダー：花穂の頂部にある苞（ほう）が特徴。学名からストエカスラベンダーとも呼ばれる。暑さに強い

ローズマリー（立ち性）：茎が上に伸び上がる。樹高は1mを超える

フレンチラベンダー「わたぼうし」：花穂の頂部にある苞が白色の品種。矮性で樹高は30cm程度

ローズマリー（ほふく性）：茎が地面を這うように広がる。樹高は30〜40cm程度

ランタナ
Lantana

クマツヅラ科ランタナ属

落葉低木（樹高0.2〜1.5m）／雌雄同株
微妙に変わる花色の変化が楽しく、長い間咲き続ける

　日当たりがよく、冬に寒風の当たらない場所に植えつける。寒さにやや弱いが0℃前後なら地植えで越冬可能。霜害がなければ、地上部が紅葉したり落葉したりしても春には新芽が伸びる。温度さえあれば一年中生長を続けて花が咲く。養分が不足しやすいので、元肥と追肥を。生長が早く、よく分枝して大きく広がる。伸びすぎた枝は3分の1〜半分ほど切り戻すと、再び新梢を伸ばして開花する。

年間作業	1	2	3	4	5	6	7	8	9	10	11	12
植えつけ					●—●							
剪定				●—（花がら摘み、整枝）—●								
花芽分化												
観賞時期				花————————●								
施肥				●—●			●—●					
繁殖			さし木————●		●—●							

花期が長い

ルリマツリ〈瑠璃茉莉〉(プルンバーゴ)

Plumbago auriculata(capensis)
イソマツ科ルリマツリ属
常緑低木(樹高0.3〜1.5m)／雌雄同株
仲間に紅花のアカマツリや白花のインドマツリもある

　植えつけは春に。南アフリカ原産で冬の寒さに遭うと落葉する。関東以北では鉢植えで。土壌の乾燥と過湿に弱いので、水やりには注意が必要。幹ははじめ直立し、枝分かれしながら生長するが、上部から半つる状になるのが特徴。花は初夏から秋にかけて咲く。ごく短い穂状花序で花は直径2.5cm、4cmほどの筒状になる。剪定は徒長枝を整理する程度でよい。実生には20℃の気温が必要。

年間作業	1	2	3	4	5	6	7	8	9	10	11	12
植えつけ			●—●									
剪定		●—●								●—●		
花芽分化												
観賞時期					花—————————							
施肥			生育期、液肥を1週間に1回程度									
繁殖			さし木———————									
			実生———————									

花期が長い

花は地味だが、葉に趣がある庭木向きの2樹種

ナンキンハゼ「メトロキャンドル」

中国原産の落葉低木ナンキンハゼの斑入り種。新葉に黄白色の斑が入る。秋には紅葉も楽しめる。実には鳥が集まってくる

ヤツデ

日陰の庭に重宝する常緑低木。日本特産種。地味な印象があるが、美しい斑入りの品種もつくられている

PART 2
四季の手入れの基礎知識

用意したい道具、あると便利な道具

　植えつけを始める前に必ず用意したい道具、あると作業が楽になる便利な道具を紹介します。また、道具ではありませんが、作業をする際は虫さされや樹液によるかぶれ、日焼けを防ぐため、長袖の上着に長ズボンの着用は必須です。夏場は帽子をかぶり、こまめに休憩をとるなど、熱中症対策も必ず行いましょう。

✓ 始める前に用意したい道具

植木バサミ
細い枝の剪定や花がら摘みなどの細かい作業に用いる

剪定バサミ
細い枝～やや太い枝の剪定に用いる。よく切れて、自分の手になじむものを選ぶ

ノコギリ
太い枝や幹の剪定に用いる

スコップ
植え穴を掘ったり、土や肥料を混ぜ込んだりするのに用いる。先が尖っているものがよい

移植ゴテ
小さな苗木の植えつけなど、細かい作業に

土入れ
土・肥料の配合や鉢植えの作業に用いる

支柱・ひも
風で大きく揺れると苗木の根が傷むので、しっかり根づくまでは支柱を立てて、ひもで誘引しておく

ジョウロ
水を多く与える場合は、大容量のジョウロが便利

長靴
汚れの防止には、長靴が便利。園芸用ブーツもある

スプレー
薬剤の散布や葉面散布肥料を施す際に用いる

手袋
手荒れやケガの防止に。肌の弱い人は防水タイプを選ぼう

✓ あると便利な道具

道具入れ
道具入れがあると、移動や整理がしやすいので便利

高枝切りバサミ
高い位置にある枝の剪定に用いる

切り出しナイフ
剪定した切り口を整える際や、さし穂・つぎ穂の調整に用いる

レーキ
植えつけ場所を平らにならしたり、落ち葉をかき集めたりするのに用いる

ふるい
植えつけ時に用土の粒をそろえたり、ゴミを取り除いたりするのに用いる

ホー
肥料を施す溝を掘る、肥料を土にすき込む、雑草取りにと、用途は広い

熊手・クワ
土と肥料を混ぜ込む際や、雑草取りに用いる

噴霧器
高い位置に散布する場合や散布の範囲が広い場合は、スプレーより噴霧器が便利

ホース&リール
広範囲への水やりに。手元で水量調節できるタイプが便利

トレー（バット）
土や肥料を移動したり、混ぜ合わせたりする際に用いる

脚立
高い位置での作業に。丈夫で安定性のよいものを選ぶこと

作業シート
ベランダで鉢植え作業をする際や、整枝・剪定をする前に樹の下に敷くと後片付けが楽になる

土壌酸度計・酸度測定キット
酸性土壌を好むツツジ科の花木などを植えつける際は、土壌改良を行うために土壌酸度を測っておく必要がある

防虫グッズ・熱中症対策グッズ
春〜秋の防虫グッズや、夏の熱中症対策グッズは必需品。夏場はこまめに休憩をとり、水分補給を行うことが大切

よい苗木を入手するには

　苗木を庭に植えつける場合、植えつけの適期に入手して、すぐに植えつけましょう。植えつけの適期はPART1で樹種ごとに示しましたが、一般的には、移植によるダメージが少なくて済む休眠期です。落葉樹は落葉から芽が動き出す前までの12～3月頃、常緑樹は新芽が動き出す前の3月頃です。

　どんな花が咲くかは、苗木の場合は品種のラベルを見て判断するしかありません。鉢植えの場合は、花期直前から出回るので、実際に花色などを確認して購入することができます。

　園芸店やホームセンターの園芸コーナーへ出向き、直接自分の目で確認して、よい苗木を購入するのがいちばんですが、好みの品種に出合えないこともあります。そういう場合は、一般向けに苗木を販売しているオンラインショップを利用するのもよいでしょう。本書で紹介した樹種は、園芸店などで買えるものを集めましたが、オンラインショップではさらに多彩な品種が紹介されています。

　弊社のサイトでも、ブルーベリーを中心に花木や果樹の苗木を販売しています。「ベリーガーデン　小林ナーセリー」で検索してみてください。

通信販売の利用法

一般家庭向けにカタログの配布を行っている種苗会社や園芸店にカタログを請求し、好みの樹種を購入する。カタログの配布は行っていないが苗木を販売しているオンラインショップもある。検索サイトから「庭木　花木」や「花木　家庭」などのキーワードで検索してみよう

✓ よい苗木の条件

❶ 病害虫の被害がない
病気にかかっていると順調に生育できないことが多く、ほかの庭木に感染が広がるおそれもある。また、害虫にやられた苗木は、駆除後もダメージからの回復に時間がかかる。苗木のうちに病害虫の被害があるということは、管理のしかたに問題があった証拠でもある。

❷ 樹全体の印象がずんぐり・がっしりしていて、幹がまっすぐ伸びている
❸ 幹や枝につや・張りがある
❹ 節間(芽と芽の間)が短い
❺ (根を確認できる場合)細根の数が多い
❻ (つぎ木苗の場合)ついだ部分がしっかり癒合している
❼ (落葉樹の場合)幹の下のほうまで芽がついている
❽ (常緑樹の場合)枝葉の数が多く、幹の下のほうまで枝が出ている
❾ (園芸品種を買う場合)ラベルがしっかりとついている
❿ (ポット苗の場合)揺すってもぐらつかない
ポットに入れたばかりの苗木では、根がしっかりと張っていないので、少し揺すればぐらつく。土の表面にコケや草が生えていれば、根もしっかりと張っている証拠。

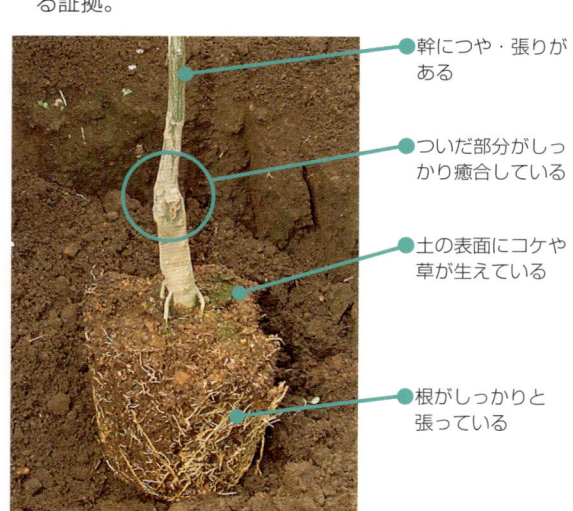

- 幹につや・張りがある
- ついだ部分がしっかり癒合している
- 土の表面にコケや草が生えている
- 根がしっかりと張っている

条件別・樹種の選び方

お住まいの地域は

　本書に掲載した写真のほとんどは、関東南部＝中間地で撮影したものです。したがって、中間地なら、ほとんどの樹種が庭植えできます。それらの中で、耐寒性が強い樹種は、だいたい北海道南部まで庭植えできます。

　逆に耐寒性が弱い樹種もあります。暖地では庭植えできますが、中間地や寒冷地では鉢植えで育て、冬は屋内に取り込む必要があります。

耐寒性が強い樹種
アジサイの仲間、ウツギ類、ウメ、ウメモドキ、エゴノキ、エリカ・カルーナ、オウバイ、カエデ類、ガマズミ（ビバーナムの仲間）、キンロバイ・ギンロバイ、クラブアップル、クレマチス、コデマリ、コバノズイナ、コブシ、サクラ、サンシュユ、ジューンベリー、スイカズラ（ロニセラの仲間）、タニウツギ、ツルウメモドキ、トチノキの仲間、ナツツバキ、ナツハゼ、ナナカマド、ニシキギ、ニワウメ、ハナズオウ、ハナミズキ、ハリエンジュ、フォッサギラ、フジ、ヤマボウシ、ライラックなど

耐寒性が弱い樹種
オガタマノキ・カラタネオガタマ、ジャカランダ、センリョウ、ハイビスカス、ブーゲンビリア、フクシア、ブラシノキなど

日照条件は

　多くの樹種は日当たりがよい場所を好みますが、アベリアやキンモクセイ、コデマリの仲間、シャクナゲ類、ツツジ類、デュランタ、ムクゲ、レンギョウ、ロウバイの仲間などは明るい日陰でも育ちます。また、アジサイやアセビ、クチナシ、ヤマブキなどは明るい日陰を好み、アオキやツバキ・サザンカ、センリョウ、テイカカズラ、ヒイラギナンテン、マンリョウ、ミヤマシキミ、ヤツデなどは日陰地でも育ちます。

植えつけたいスペースの広さは

　スペースが狭い場合は、樹高があまり高くならず、枝張りや株が広がらない樹種、剪定に強い樹種を選びます。

　スペースが広い場合は、株が広がる樹種や高木になる樹種を植えられます。ただし、あまり樹高が高くなると管理が行き届かなくなるので、高木になる樹種でも樹高3m程度まで生長したら、中心の幹を切るとよいでしょう。

枝張りが横に広がらない樹種
クラブアップル、サクラ「アーコレイド」「オカメ」「アマノガワ」、チャンチン、ハナモモ「テルテモモ」「ホウキモモ」、マンサク「アーノルドプロミス」など
※枝張りが横に広がらず、上に伸びていく性質のある樹種（品種）を「ファスティギアータ」タイプというので、それらの中から選ぶとよい

枝張りや株が広がる樹種（高木を除く）
イヌコリヤナギ「白露錦」、コルクウィッチア、セイヨウニンジンボク、トサミズキ、トチノキ「バルビフローラ」、ブッドレア、ヨーロッパギョリュウ、リキュウバイ、レンギョウ、ロウバイなど

落葉樹か常緑樹か

　落葉樹は庭の南側に植えると、夏場は強い日差しを遮り、冬場は逆に日差しを通してくれます。ただし、隣家が接している場合は、落ち葉によるトラブルにもなりかねません。そのような場合は常緑樹を選ぶのも一案です。ただし、ツバキ・サザンカはチャドクガが春と秋の年2回発生します。定期的な防除が難しい場合は、避けたほうが無難です。

　また、隣家との間の目隠しや生け垣には、葉が密生するタイプの常緑樹がおすすめです。

目的別・おすすめの樹種

❶ 庭の主役となるシンボルツリーを植えたい

シンボルツリーは庭のシンボルとなる木。それがあることで庭が引き立ちます。姿がよく、花や葉・実が美しい樹種、縁起がよいとされる樹種を選びましょう。

アカシア	14ページ	ナツツバキ	104ページ
エゴノキ	80ページ	ハイノキ	54ページ
オリーブ	82ページ	ハナミズキ／ヤマボウシ	57ページ
キングサリ	89ページ	ヒメシャラ	104ページ
コニファー類	34ページ	マグノリア	120ページ
ジューンベリー	36ページ	モチノキ	124ページ
トチノキ	103ページ	ライラック	70ページ

オウゴンガシワ
25ページ

クラブアップル
72ページ

カエデ「燕換(えんかん)」
26ページ

❷ 玄関脇に視覚的なポイントを設けたい

広いスペースではないので、コンパクトな低木か、ある程度は上に伸びても枝張りが横に広がらないタイプの樹種がよいでしょう。

オリーブ	82ページ
カエデ	26ページ
ギンバイカ	31ページ
サクラ「オカメ」	37ページ
サクラ「アーコレイド」	37ページ
センリョウ	145ページ
ソヨゴ	124ページ
ナンテン	106ページ
ヒペリカム	116ページ
ヒメシャラ	104ページ
マンリョウ	145ページ

ウワミズザクラ・ピンク
37ページ

ハナミズキ「クラウドナイン」
57ページ

ライラック「ミシェル・ブッチャー」
70ページ

❸ 目隠しや生け垣を設けたい

目隠しや生け垣に利用するなら、必要な樹形に仕立てる必要があります。刈り込みに強くて萌芽力があり、また、枝葉が密につく樹種がよいでしょう。

アベリア	151ページ
イボタノキ	77ページ
カナメモチ	83ページ
キンモクセイ	164ページ
コニファー類	34ページ
シャリンバイ	42ページ
セイヨウヒイラギ	48ページ
ドウダンツツジ	49ページ
ハクチョウゲ	111ページ
ヒイラギ	165ページ
ヒイラギモクセイ	165ページ
ヒイラギモチ	48ページ
ビバーナム	113ページ
マサキ	108ページ

カルミア(玄関前の目隠し)
29ページ

ベニバナトキワマンサク(生け垣)
19ページ

❹ 草花のように花壇で楽しみたい

花木は草花と異なり、長く楽しめるのがメリット。あまり樹高が高くならない樹種や矮性の品種なら、花壇で楽しむことができます。

アブチロン	158ページ	ラベンダー	166ページ
クチナシ	90ページ	ローズマリー	166ページ

サルスベリ「チカソー」
132ページ

サザンクロス
154ページ

ジャノメエリカ
17ページ

ツツジ「ヨドガワツツジ」
156ページ

ミニバラ
159ページ

❺ 美しい花や葉を楽しみたい

本書は花や葉の美しい樹種・品種を厳選して紹介しているので、好みのものを選びましょう。

アベリア	151ページ
アメリカイワナンテン	24ページ
イヌコリヤナギ	69ページ
オウゴンガシワ	25ページ
オキシデンドラム	135ページ
カナメモチ	83ページ
チャンチン	100ページ
ドウダンツツジ	49ページ
ナンテン	106ページ
ニシキギ	108ページ
メギ	68ページ

アセビ「フレーミングシルバー」 23ページ

ハナズオウ「シルバークラウド」
55ページ

マサキ「オオサカベッコウ」
108ページ

カエデ
26ページ

❻ 花の香りを楽しみたい

強い香り、ほのかな香り、タイプはさまざまですが、香りのよい花が咲く花木はこんなにもあります。また、花ではありませんがコニファー類の枝葉もよい香りがします。

アセビ	23ページ	コンロンカ	92ページ	バラ	159ページ
アメリカヒトツバタゴ	112ページ	サルスベリ	132ページ	ハリエンジュ	111ページ
エゴノキ	80ページ	ジャガランダ	94ページ	ヒイラギ	165ページ
エンジュ	128ページ	ジンチョウゲ	44ページ	ビバーナム	113ページ
オキシデンドラム	135ページ	セイヨウニワトコ	53ページ	フジ	63ページ
オリーブ	82ページ	チョイシア・テルナータ	49ページ	ブッドレア	143ページ
カオリマンサク	19ページ	テイカカズラ	102ページ	マグノリア	120ページ
カロライナジャスミン	30ページ	トチノキ	103ページ	ミツマタ	44ページ
キリ	88ページ	ニオイシュロラン	107ページ	ユッカ	126ページ
キンモクセイ	164ページ	ニオイトサミズキ	62ページ	ライラック	70ページ
クサギ	131ページ	ニオイバンマツリ	140ページ	ラベンダー	166ページ
クチナシ	90ページ	ネムノキ	109ページ	リキュウバイ	71ページ
コバノズイナ	92ページ	バイカウツギ	110ページ	ロニセラ	133ページ

ウメ 15ページ

カラタネオガタマ 81ページ

ジンチョウゲ 44ページ

ハゴロモジャスミン 96ページ

マグノリア 120ページ

ロウバイ 20ページ

❼ 実なりを楽しみたい

ナンテンやピラカンサなど、多くは見て楽しむものですが、庭で育てられる果樹もあります。中でもオリーブやジューンベリーは「シンボルツリー」にもおすすめです。

ナンテン	106ページ
ピラカンサ	117ページ
ムラサキシキブ／コムラサキ	123ページ
モチノキの仲間	124ページ
〈果樹〉	
カリン／マルメロ	84ページ
ザクロ	93ページ
ニワウメ	51ページ
ニワトコ	53ページ
ユスラウメ	51ページ

オリーブ（果樹） 82ページ

クラブアップル（果樹） 72ページ

ブルーベリー（果樹） 119ページ

コトネアスター 91ページ

ビバーナム・ティヌス 113ページ

庭の土壌改良と植えつけの基本

育てたい樹木の生長後の枝張りや栽培適地を考慮に入れながら、植えつけたい場所を決めたら、その場所の土質がその樹種に合っているかどうかをチェックしましょう。

日本は年間の降水量が多いので、土壌中のアルカリ分が流失しやすく、多くの土壌が弱酸性～酸性に傾いています。弱酸性土壌であれば、ほとんどの樹木は問題なく育ちますが、スギナやゼニゴケが生えているような酸性土壌では、育ちが悪くなります。そこで、苗木を植えつける前に土壌酸度を測る必要があるのです。酸性度が強ければ、中和するために苦土石灰をまいて土によく混ぜ込んでおきます。まいてすぐに植えつけても苗木に害はありませんが、中和には10日～2週間ほどかかります。

苦土石灰は酸性の中和と同時にマグネシウムを補給できるもので、一般的な庭土であれば、pHを5.5から6.5へ「1」上げるには、土100リットル（約直径50cm×深さ50cmの丸い穴）に200～250g程度まけばよいでしょう。

さらに、腐葉土や堆肥をよくすき込んでおけば、排水性・保水性・通気性がよくなり、有用な土壌微生物の活性も高まって、樹木の生育に適した土壌になります。

ただし、「完熟」腐葉土や「完熟」堆肥でも、多少は発酵してガスや熱が発生するので、この作業は植えつけの2週間前に行うようにしてください。

では、落葉樹と常緑樹の植えつけ方を紹介しましょう。

落葉樹の植えつけ

✓ 植え穴掘り

植えつける場所を決めたら、周囲のゴミを取り除き、苗木の根鉢の直径2倍×深さ2倍程度の丸い植え穴を掘る（地中にパイプなどが埋設されていることがあるので要注意）。必要な場合は、苦土石灰で土壌の酸度調整を行っておく。

✓ 腐葉土、堆肥、元肥の投入・撹拌

掘り上げた土の半分に同量の腐葉土・堆肥を混ぜて植え穴に戻し、よく混ぜておく。腐葉土の役目のひとつは土中の酸素の確保。したがって、すき間をつくることが大事。続いて、元肥に使える化成肥料を100g入れて軽く混ぜる。ここまでの作業は植えつけの2週間前に行っておく。

✓ 苗木の準備

苗木をポットから抜き、雑草やゴミを取り除く。太い根が根土の表面を旋回（ルーピング）するように伸びていたら、縦に4か所ほど、ハサミを入れて太い根を切っておく。

✓ 苗木の植えつけ

寒さでやられた新芽

枯れているところから2cm程度の位置で切る

苗木を植え穴に入れ、深植えにならないよう、高さを調節しながら土を戻す。寒さでやられた新芽があれば、枯れている部分から2cm程度切り戻す。

足裏で土を軽く押し込んで苗木を安定させ、土をならして、水を注ぐために円形の土手（水鉢）をつくる。水を注いで揺すり、水が引いたら土手を崩して土をならし、さらに水をやる。根と土のすき間にまで水が入り込み、土が締まる。

✓ 支柱立て・完成

支柱を立て、麻ひもやシュロ縄などで幹を支柱に結びつける。ひもはあらかじめ水で湿らせておくと、結んだ後にほどけにくい。

結びつけるのは、幹のある程度硬くなった部分。結んだひもは1年経ったら外す。また、支柱は幹の北側に立てること。これで完成。苗木が大株の場合は、2日後に再び水をやる。花後すぐにお礼肥を施す。

✓ 土壌酸度の測定法

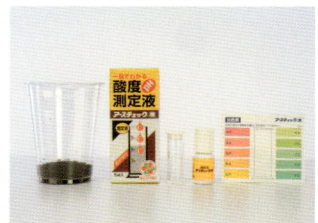

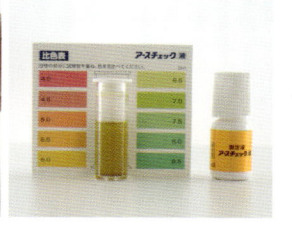

A：酸度測定キットを使う
土を水に溶いてしばらく置き、上澄みを試験管に取って試薬を垂らし、よく混ぜる。付属の比色表と見比べて測定する。

B：土壌酸度計を使う
調べたい場所に水をまいて約30分待つ。土壌酸度計の金属部分を土中に差し込んで約1分待ち、数値を読み取る。

常緑樹の植えつけ

✓ 苗木の準備

植え穴掘りから元肥の投入・攪拌までは落葉樹と同じ。今回用いたのは麻布の根巻き苗。ビニール製でなければ土中で分解されるので、根巻きはほどかない。

✓ 苗木の植えつけ

苗木を植え穴に入れて土を戻し、根巻きが見えるぐらいの浅植えにする。土をならし、水を注ぐために円形の土手（水鉢）をつくる。水を注いで揺すり、水が引いたら土手を崩し、足裏で土を軽く押し込んでからならし、さらに水をやる。

✓ 支柱立て

支柱は、根巻きを避けて斜めにさす。麻ひもやシュロ縄などで幹を支柱に結びつけて完成。注意点は落葉樹の植えつけと同じ。

✓ 完成

落葉樹の植えつけ例：
アメリカアジサイ「アナベル」

ポットから苗木を抜き、軽く根鉢を崩してから植えつける。たっぷりと水をやって完成。地際から数cm、芽がついているところまで切り戻してもよい（中央下の写真）。数か月後には右のように生長し、花が咲く。

常緑樹の植えつけ例：
オリーブ

オリーブは酸性土壌を嫌うので、植えつけの2週間ほど前に苦土石灰をすき込んでおく。左中の写真は、ポットから抜いたところ。この程度なら、根切りは不要。水を注いで苗木を揺すり、すき間ができたら土を足す（これを客土という）。

鉢で育てるときの植えつけ方

　鉢で育てる場合も、植えつけの適期に購入して、すみやかに植えつけます。また、花期に出回っている鉢植えの花木はそのまま育てて、根が鉢いっぱいに回ったら植え替えを行います。

　植えつけ中に根を乾燥させると、樹全体が弱ったり枯れたりするので、なるべく曇りの日を選び、強い風が当たらない場所で行いましょう。

　鉢は「スリット鉢」がよいでしょう。水はけがよく、鉢底に水が停滞しないので、水が鉢内に均一に行きわたります。また、根の旋回（ルーピング）が減って鉢の中心部に多く根を張るようになります。スリット鉢以外では、根が呼吸しやすいテラコッタ（素焼き鉢）を選びます。

　用土は市販の培養土か、赤玉土と同量の腐葉土・堆肥に元肥を加えた配合土を用意します。容器の底が隠れる程度に鉢底石を敷いて用土を入れ、ポットから抜いた苗木を入れてすき間に用土を入れます。深さは鉢の縁から2cmぐらいまで。棒で突き込んで鉢土を安定させ、支柱を立てて幹を結びつけます。鉢底から出る水が透明になるまで、たっぷりと水をやりましょう。

基本の仕立て方と用土・肥料

基本の仕立て方

　品質のよい実を収穫したい果樹とは違い、花木の場合は、基本的には自然樹形を生かして、混み合った部分や枯れ枝を整理する程度で十分です。ただし、高木の場合は大きく生長しすぎると管理が大変なため、3m程度（好みの高さで結構です）まで生長したら、中心の幹＝主幹を切り（樹心を止める、といいます）、主幹を中心に2～3本の主枝をバランスよく配置した「主幹形」に仕立てるとよいでしょう。ほかにもさまざまな仕立て方はありますが、本書では簡単にできる「主幹形」を紹介しておきます。

✓ 主幹形

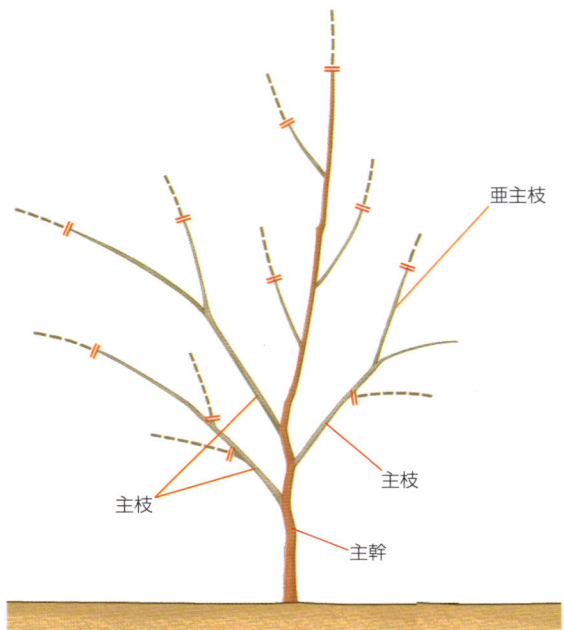

主幹を中心に数本の主枝をバランスよく配置した樹形。仕立てやすく生育もよいが、大きくなり、樹冠内部が日陰になりやすい。

（図の各部名称：亜主枝／主枝／主幹）

✓ 切る位置

⇦幹の内側　×
内側の芽の上で切ると、新梢が内側に伸びて樹形が乱れやすい。とくに枝垂タイプの場合は気をつけながら剪定すること。

幹の外側⇨　○
幹の外側の芽の4～5mm上で切ると、新梢が外側に伸びて樹形が整う。

✓ 剪定と花芽

弱剪定 → 花芽ができる
弱い新梢が多数伸び、花芽がつくられる。

強剪定 → 葉芽／強い新梢
花芽のつきにくい強い新梢が伸びる。

✓ つけ根から取り除く不要枝

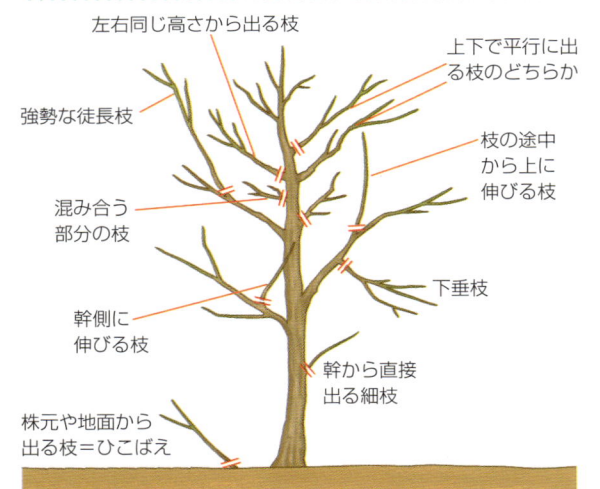

- 左右同じ高さから出る枝
- 強勢な徒長枝
- 混み合う部分の枝
- 幹側に伸びる枝
- 上下で平行に出る枝のどちらか
- 枝の途中から上に伸びる枝
- 下垂枝
- 幹から直接出る細枝
- 株元や地面から出る枝＝ひこばえ

樹木を育てるのに適した土質とは

　根が正常に伸びるためには、適度な水分とともに酸素が必要です。それは、根が養分や水分の吸収と同時に、呼吸も行っているからです。

　腐葉土や堆肥を、植えつける場所の土にすき込んでふかふかの状態にしておくと、適度なすき間ができて、水分や酸素が確保されます。

　砂が多い排水性（水はけ）のよい土は水がすぐに下へ抜けて酸素は供給されますが、その分、乾きやすく、保水性（水もち）がよい粘土質の土は水分は確保されますが、酸素の供給が滞りがちです。そのため、多くの樹木は、排水性と保水性という、相反した性質をもつ土壌を好みます。腐葉土や堆肥は、植えつける場所を樹木が好む土質にする「土壌改良材」としての役割が大きいのです（178ページ参照）。

肥料はタイミングよく与える

　肥料は、樹木の生長のタイミングに合わせて与える必要があります。まずは冬の休眠期、樹木が目を覚ます前に寒肥を与えることで、元気のよい新芽を出させます。続いて、枝葉や花芽の生長を助けるために、追肥で不足する養分を補います。花期が終わったら、樹勢を回復させるためにお礼肥を与えます。PART1で施肥に触れていない樹種は、元気がない場合を除き、とくに肥料を与えなくてよいでしょう。

アジサイの株周りに、寒肥として使える化成肥料をまいたところ

主な肥料の要素

窒素（N）
光合成に必要な葉緑素やたんぱく質の成分として重要。ホルモンや酵素の成分でもある。葉の働きや樹体の生長に関わるので「葉肥」と呼ばれる。欠乏すると葉が貧弱になり、過剰でも枝葉が徒長し樹勢を弱める。

リン酸（P）
細胞膜や遺伝子、エネルギー代謝に関わるATPという物質の重要な成分。細胞分裂に関わり、花や実つきをよくするので「実肥」とも呼ばれる。枝葉・根の生長にも影響が大きい。

カリ（カリウム／K）
生長の活発な部位に多く存在し、根などの発達に関わるので「根肥」とも呼ばれる。

※以上のN・P・Kを「肥料の三要素」といい、肥料の成分はNPK比で表される。

石灰（カルシウム／Ca）
細胞壁の成分。有害物質と結合して無害化するなどの働きがある。また、酸性土壌の中和にも用いられる。

苦土（マグネシウム／Mg）
葉緑素の成分。したがって、欠乏すると生育が極端に悪くなる。

※ほかに亜鉛、硫黄、塩素、鉄、銅、ホウ素、マンガン、モリブデンが「微量要素」として植物に利用されている。

与える時期とその名称

元肥（もとごえ／もとひ）
植えつける前に土に混ぜ込む肥料。休眠期に与える寒肥も同じ。全生育期間中、とくに春からの生長を助けるため、緩効性の有機質肥料（窒素とリン酸を多く含む油かすや鶏糞など）や混合肥料を与える。年間を通じて、これを与えるだけでよい樹木もある。

追肥（ついひ）
枝葉や花芽の生長を助けるために、不足する養分を追加・補給する肥料。カリを含む速効性肥料を与える。

お礼肥（おれいごえ）
花後や実なりの後、樹勢を回復させるために与える肥料。窒素を含む速効性肥料を与える。

病害虫は予防と早めの駆除が大事

　せっかく美しい花や実なりを楽しもうと思っても、病害虫にやられては台無しです。剪定や施肥などを適切に行い、健康な樹体をつくることで病害虫への抵抗力をつけることも重要ですが、もし異変を見つけたら、園芸店に症状を伝えて（写真に撮って見せるとよい）相談し、適応する薬剤をその使用法を守って使い、早めに駆除しましょう。

主な病気と防除法

赤星病：カリン、ボケ、リンゴなど
春に雨が多い年に多発し、春〜初夏に発生。葉表に丸い黄色の小斑が、葉裏に太い短毛状のものが現れる。発症の初期に薬剤を散布し、病葉は処分する。カリンやボケ、ナシなどとビャクシンなどの針葉樹は、季節によって交互に寄生されることを繰り返すので、近くに植えないこと。

ウドンコ病：さまざまな樹種
春〜秋の湿度が高い時期に多発。発症の初期に薬剤を散布。病変部は処分する。予防措置として、窒素肥料を控えめにする。

シロホシテントウはウドンコ病菌を食べる

褐斑病：さまざまな樹種
春〜秋に発生。不定形な褐色の小病斑が現れて次第に大きくなり、落葉する。樹全体が枯死することもある。発症の初期に薬剤を散布し、病葉は処分する。

黒星病：バラ科の花木・果樹
雨が多い年に多発し、春〜初夏と秋に多発。葉や実に丸い黒斑が現れ、落葉・落果する。樹全体が弱ることもある。発症の初期に薬剤を散布し、病変部は処分する。

膏薬病：ウメ、サクラなど
春〜秋に発生。幹や枝に膏薬のような塊がべったりと貼りつく。幹についた場合はこすり取って薬剤を塗布し、細い枝についた場合は、切り取って処分する。

根頭癌腫病：バラ科の花木・果樹、ブルーベリーなど
地表近くの幹や根にコブができ、生育が悪くなる。樹全体が枯死することもある。傷口から感染するので、消毒した刃物でコブを切除する。

すす病：さまざまな樹種
アブラムシやカイガラムシの排泄物に発生するカビ。虫害に加え、光合成が妨げられることで生育が悪くなる。アブラムシやカイガラムシを駆除する。

炭疽病：さまざまな樹種
春〜秋の湿度が高い時期に多発。葉に不定形な褐色の病斑が現れて広がる。実に感染した場合は黒ずんだ病斑が次第に広がり、落果する。発症の初期に薬剤を散布し、病変部は処分する。

てんぐ巣病：サクラなど
枝の一部がコブ状になり、そこから細枝が多数発生して、ほうき状になる。落葉期のうちに切り取って処分する。切り口には癒合剤を塗っておく。また、切除に使う刃物は毎回、熱湯や薬剤で消毒すること。

花腐菌核病：ツツジ類
ツツジ類の花期に発生。開花前〜中に雨が多い年に多発する。花弁に淡褐色の小斑が現れて広がり、花は枯死する。枯死した花にはネズミの糞に似た黒い菌核ができる。菌核が落ちると翌年の感染源となるので、病気にかかった花は早めに摘み取って処分する。

モザイク病／ウイルス病：さまざまな樹種
春〜秋に発生。葉にモザイク状の病斑が現れ、縮んだり奇形化するなどの症状が出る。感染した株は引き抜いて処分する。アブラムシや病気にかかった樹と同じハサミでの剪定などで感染するので、感染を防ぐことが大事。

イモムシ・ケムシ・エカキムシ：さまざまな樹種
チョウやガ、ハバチの幼虫の多くが葉を食害する。中には、幹や枝の内部にトンネルを掘って食害するコウモリガや、幼虫は葉を食害し、成虫は果実から吸汁するヤガ類もいる。葉の内部に潜って食害するエカキムシは、ハモグリバエやハモグリガの幼虫。なるべく発生の初期に薬剤を散布するか、枝ごと切除して処分する。

写真左と中央はチャドクガの幼虫と卵塊。毒針毛があり、触れるとかぶれが続く。右はイラガ類の幼虫。触れると激痛が走る。

ケムシ 　　ハバチの幼虫 　　エカキムシ

主な害虫と防除法

吸汁性の昆虫：さまざまな樹種
カメムシ目のアブラムシやアワフキムシ、カイガラムシ、カメムシ、グンバイムシ、コナジラミは、植物の枝や葉、実に口吻をさして汁を吸う。排泄物に発生するすす病や病原体の運搬など、二次的な害も大きい。アザミウマ目のアザミウマや昆虫ではないがダニ類のハダニも花や葉から汁を吸い、正常な発育を妨げる。見つけ次第捕殺するか薬剤を散布する。

薬剤を散布する方法

薬剤の散布は、なるべく風のない曇りの日の午前中に行う。午前中であれば植物の吸収が早く、日差しがまだ強くないので、樹体に対する薬害が少ない。薬剤は、必ず事前に説明書をよく読み、正しい使用法を守ること。

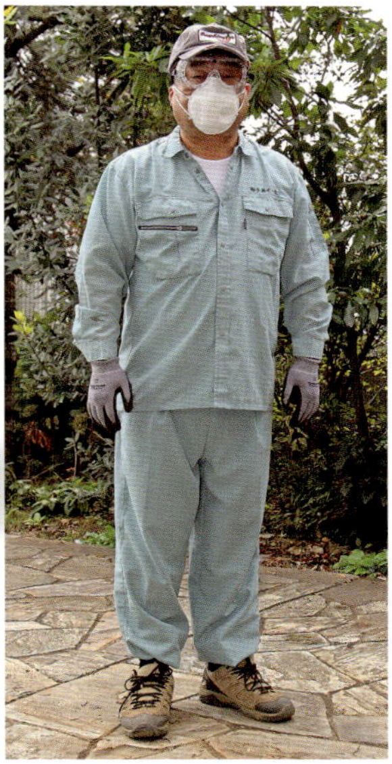

アブラムシ　　カイガラムシ　　カメムシ

甲虫の仲間：さまざまな樹種
カミキリムシやコガネムシ、ハムシ類は幼虫・成虫ともに、さまざまな樹種の葉、実、幹、根などを食害する。見つけ次第捕殺するか薬剤を散布する。幹や枝にトンネルを掘るカミキリムシの幼虫に対しては、穴に薬剤を注入して駆除する。

カミキリムシの幼虫の食害痕　　コガネムシの成虫(上)と幼虫(下)　　ハムシの成虫(上)と幼虫(下)

自分の体にかかったり、目や口に入ったりしないよう、はっ水性の長袖長ズボン、ゴーグル、マスクを着用し、ノズルの長いスプレーや噴霧器で風上のなるべく離れたところから散布する。

自分でふやすためのテクニック

　花木を育てる場合、手っ取り早く楽しむには、ある程度大きく生長し、花芽をつけはじめた苗木を購入してくることです。しかし、剪定した枝を利用してさし木をしたり、花後にできた種をまいたりして、自分でふやす楽しみもあります。ここでは「実生（種まき）」「さし木」「つぎ木」「とり木」「株分け」の方法を紹介します。ただし、花木の中には種苗登録品種や国内外の商標登録品種も多くあります。登録品種は譲渡や販売を目的としてふやすことは禁止されているので、注意してください（登録品種はラベルに記載されています）。

実生でふやす

　実生は作業が簡単です。用意したまき床に種をまき、たっぷりと水やりをして、発芽するまで半日陰地で乾かさないように管理すればよいのですが、種をまいてから開花するまでに数年かかることがあります。

　園芸品種の多くは交配を重ねてつくられているので、親木の形質がそのまま伝わることはなく、ふつうは生育が旺盛で病気にかかりにくい品種（原種）の種をまいて、つぎ木用の台木として用います。また、育種をする楽しみもありますが、登録品種は「交配親」として用いることも禁じられているのでご注意ください。

実生を行うタイミング

簡単なのは「採りまき」といって、完熟する直前の実から種を採り、すぐにまく方法。実が完熟すると種が休眠状態に入ることがあり、完熟直前で採ったほうが発芽率がよい。ただし、サクラやユスラウメは夏の高温と乾燥で種が枯死しやすいので、果肉を洗い流して、水気を拭いた種を冷蔵庫で保存し、9月中〜下旬頃にまくとよい。

✓ 実生の方法

❶ 育苗箱などに雑菌にいない清潔な土（鹿沼土か市販の種まき用土）を敷き、表面を平らにならしてたっぷりと水を含ませる。果肉のない種はそのまま、果肉のついている種は果肉を洗い流してからまく（果肉に発芽を抑制する物質が含まれているため）。

❷ 種と種の間隔は、発芽後に葉と葉が触れ合わない程度。種が隠れる程度に土をかぶせ、たっぷりと水をやって、半日陰地で管理する。種は乾燥に弱いので、発芽するまで土を乾かさないこと。

✓ さし木の方法

❶ 育苗箱などに雑菌のいない清潔な土（ピートモス1：鹿沼土1にパーライトを全体の10％加えた配合土または市販のさし木用土）を敷き、表面を平らにならしてたっぷりと水を含ませる。

❷ さし穂を採る枝には、新梢のある程度固まった部分を用いる。10分ほど水に漬けておき、20㎝ほどに切り分ける。やわらかい枝先は使わない。葉を2枚ほど残して、その葉も蒸散を防ぐために3分の1ほど切る。さし穂の下端を斜めにカットする。

❸ さし床へまっすぐにさす。さす深さは5㎝ほど。さし穂どうしの間隔は葉と葉が触れ合わない程度。たっぷりと水をやり、根づいて新芽が出るまで、半日陰地で乾かさないように管理する。生長期に行えば6〜7割は成功する。翌春、1株ずつ移植する。

✓ とり木の方法① 高とり法

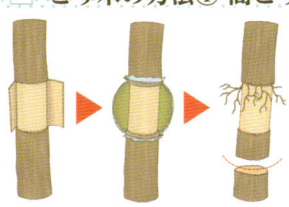

とり木をする位置の表皮に切り込みを入れて、表皮を剥ぎ取る。湿らせたミズゴケを巻いてラップなどで包む。ミズゴケが乾燥しないよう、こまめに水をやる。根が出たら点線の部分で切り離す。

✓ つぎ木の方法① 切りつぎ

❶一般的に、落葉樹は2～3月に「切りつぎ」を行う。台木を地表から3cmの位置で切る。切り口の角を落としてそこに刃を当て、幹の表皮に沿って形成層が出るように切り込みを入れる。
❷つぎ穂を採る枝には、新梢のある程度固まった部分を用いる。葉を取り除き、下端の両面を斜めに切って形成層を広く出す。
❸台木の切り込みに、形成層どうしが合うようにつぎ穂をさし込んでつぎ木テープを巻き、固定すると同時に乾燥を防ぐ。
❹つぎ穂の切り口に癒合剤を塗り、乾燥を防ぐ（つぎ木テープと癒合剤は、園芸店やホームセンターなどで購入できる）。このあと、苗全体を透明な袋で覆い、2～3日に1回、袋を取って水をやる。うまくつけば、新芽が伸びてくる。

これが形成層。樹皮のすぐ内側と木質部の間にあり、活発に細胞分裂を行っている組織。台木とつぎ穂の形成層どうしを合わせることで組織が癒合する。

樹皮　形成層

✓ つぎ木の方法② 芽つぎ

❶一般的に、常緑樹は7～8月に「芽つぎ」を行う。地表から6cmの位置で、台木に長さ2～3cmの切り込みを入れ、下端を5mmほど残して表皮を切り取る。
❷つぎ芽は、芽を中心に2～3cmの長さで表皮を削り、下端を残して切り取る。切り取ったつぎ芽を台木の切り込みにさし込んで、形成層どうしを合わせる。
❸下側からつぎ木テープを巻き上げて固定する。新芽が伸びてくるので、芽の部分は巻かないこと。台木は地表から50cmの位置でカットし、切り口に癒合剤を塗って乾燥を防ぐ。うまくついて新芽が伸びたら、翌春に、ついだ芽の上で台木を切り取る。

✓ とり木の方法② 盛り土法

とり木をしたい枝の株元近くに針金をきつく巻くか高とり法と同じ要領で表皮を剥ぎ取り、土を盛っておく。次の植えつけの適期に根が出ているところの下で切り離す。

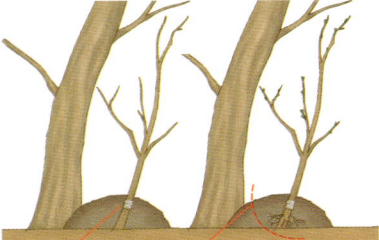

針金をきつく巻くか環状剥皮　　根が出た部位の下で切り離す

さし木でふやす

さし床に親木から切った枝をさし、たっぷりと水やりをして、実生と同じく、根づくまで半日陰地で乾かさないように管理します。新しい葉が開けば根づいた証拠です。親木の一部を使うので、早いものではさし木を行った次の年から花を楽しむことができます。

つぎ木でふやす

根づいている台木にほかの木から採った枝や芽をついでふやす方法です。丈夫で生育のよい近縁種の台木につぐことで、弱い品種でも生育が促され、開花が早まります。また、花の美しい品種からつぎ穂を採れば、同じ形質の苗木をふやすことができます。

とり木でふやす

親木の幹や枝の一部に傷をつけることで発根させ、そこから切り取って独立した個体をつくる方法です。うまく発根させることができれば、失敗はほとんどありません。また、下の枝葉がなくなった場合や樹高が高くなりすぎた場合は、とり木を行うことでふやすと同時に樹形を整えることもできます。

株分けでふやす

株元から同等の勢いの幹（枝）が複数生える、株立ち状の木の場合、株を根ごと分離してふやすことができます。発根した状態なので、失敗の少ない方法です。株が小さい場合は草花と同様にいったん掘り上げてから、ハサミなどで切り分けて植えつけ、株が大きい場合は周りの土を掘り起こして根を出させ、ノコギリかスコップで切り離し、小株を掘り取ります。鉢植え根が詰まった場合もこの方法でふやせます。

知っておきたい基本の園芸用語

≫お礼肥(おれいごえ)
花が咲き終えた後、または実がなった後の樹木に、樹勢を回復させるために施す速効性の肥料。

≫緩行性肥料(かんこうせいひりょう)
養分が少しずつ溶け出して、ゆっくりと効く肥料。

≫寒肥(かんごえ)
主に春の芽出しと新梢の生長を助ける目的で、冬の休眠期に施しておく肥料。緩効性の混合肥料や有機質肥料を用いる。植えつけ後の「元肥」である。

≫休眠(きゅうみん)
夏の高温期や冬の低温期、乾季など、厳しい気候を乗り切るために、一時的に生長を止めること。

≫切り返し(きりかえし)
伸びた枝を途中で切ること。新梢を出させたり、樹形を整えたりするために行う。「切り詰め」「切り戻し」ともいう。

≫更新(こうしん)
古い枝を切ることで、新しい枝を発生させること。

≫自家受粉(じかじゅふん)
同じ個体または同じ品種の花で受粉すること。自家受粉で受精する性質を「自家和合性」という。

≫自家不和合性(じかふわごうせい)
自身の花粉では受精できない性質。種を作るには、別品種から受粉・受精する必要がある。

≫四季咲き性(しきざきせい)
気温や栄養状態がよければ、季節に関係なく開花する性質。

≫雌雄異花(しゆういか)
同じ株で、雌花と雄花が咲くこと。

≫雌雄異株(しゆういしゅ)
動物の雌雄と同じように、雌花が咲く雌株と雄花が咲く雄株に分かれていること。雌株に雌花と両性花が咲く樹種、雄株に雄花と両性花が咲く樹種、同じ株に雌花と雄花と両性花が咲く樹種もある。

≫樹冠(じゅかん)
樹を覆うように茂っている枝葉の集まりのこと。

≫常緑樹(じょうりょくじゅ)
一年中、緑葉をつける樹の総称。

≫新梢(しんしょう)
その年に伸びた新しい枝。当年枝。

≫整枝(せいし)
枝を切って、樹形を整えること。

≫節(せつ/ふし)
枝にある区切りの部分。葉のつけ根で芽が出るところ。節と節の間を「節間」という。

≫剪定(せんてい)
枝を切って、枝の発生や伸長など樹の生長を調整すること。また、樹形を整えること(整枝)。「整枝・剪定」として意味を分けずに使うことが多い。

≫前年枝(ぜんねんし)
前の年に伸びた枝。2年枝。

≫速効性肥料(そっこうせいひりょう)
施すとすぐに効く肥料。養分が吸収されやすいので、規定より濃すぎたり回数が多すぎたりすると、かえって傷めることになる。

≫耐陰性(たいいんせい)
日照の少ない環境でも生育できる性質。アオキやアジサイ、アセビ、クチナシ、ツバキ、ヒイラギナンテンなどは耐陰性が強い。

≫耐寒性(たいかんせい)
寒さへの適応性。

≫耐乾性(たいかんせい)
(とくに土壌の)乾燥への適応性。

≫耐暑性(たいしょせい)
暑さへの適応性

≫耐潮性(たいちょうせい)
土壌塩分への適応性。キョウチクトウやシャリンバイ、トベラ、ハマナス、マサキなどが強い。

堆肥(たいひ)
わらや雑草、落ち葉、樹皮、家畜の糞などを積み、発酵させたもの。化成肥料と比較して肥料分が少ないため、主に土壌改良剤として用いる。保水性と排水性がともによくなり、有用な土壌微生物の活性も高まる。完熟したものを使うこと。

追肥(ついひ)
枝葉の生長が盛んな時期に、不足する養分を追加・補給するための肥料。速効性の肥料を用いる。

通気性(つうきせい)
空気の通りのよしあし。これが悪いと、根が呼吸できなくなり、根腐れを起こす。

当年枝(とうねんし)
その年に伸びた枝のこと。新梢。

土壌酸度(どじょうさんど)
土壌の酸性度。日本は多雨の影響で弱酸性土壌が多い。多くの花木は生育するが、心配な場合は植えつける2週間前に測定キットや酸度計で測り、必要に応じて、苦土石灰をすき込み、調整しておく。逆に、酸性土壌を好むツツジやブルーベリーを育てる場合は、酸度調整をしていないピートモスを投入するとよい。

徒長枝(とちょうし)
日照不足や肥料不足または過多、水の与えすぎなどで、枝が長く伸びること。ほかの枝に養分が回らず、また、樹形を乱すので、つけ根から切ることが多い。

根土(ねつち)
土から抜いたときに根が抱え込んでいる土のこと。「根鉢」ともいう。

排水性(はいすいせい)
水はけのよしあし。川砂は優れ、粘土は劣る。

半日陰(はんひかげ)
直射日光はないが、壁の反射などで日中を通してやや明るい場所。木漏れ日が射すような場所。また、日中の数時間だけ日が当たる場所のこと。

腐植質(ふしょくしつ)
生物(とくに植物の茎や枝葉)が土壌中の微生物によって分解されてできた物質。

腐葉土(ふようど)
広葉樹の落ち葉を腐熟させた土。保水性・排水性・通気性がよくなり、有用な土壌微生物の活性も高まる。ただし「完熟」したものでも土中で発酵し、ガスや熱が発生するので、植えつける2週間前にすき込んでおくこと。

放任(ほうにん)
整枝・剪定を行わず、幹や枝を伸びるままにしておくこと。

保水性(ほすいせい)
水持ちのよしあし。粘土は保水性に優れ、川砂は劣る。

間引き剪定(まびきせんてい)
樹冠内部への日当たりと風通しをよくするため、不要な枝や混み合った部分の枝を付け根から切り取ること。「枝透かし」「枝抜き」ともいう。

水切れ(みずぎれ)
水不足で枝葉がしおれた状態。葉先が枯れ込んだり、ひどい場合は樹全体が枯死したりするので、すぐにたっぷりと水をやること。

元肥(もとごえ/もとひ)
植えつける際に土に混ぜ込む肥料。緩効性の混合肥料や有機質肥料を用いる。全生育期間中に効かせることを目的に施す。植えつけ後の「寒肥」も目的は同じ。

有機質肥料(ゆうきしつひりょう)
油かすや堆肥、牛糞、鶏糞、骨粉など、動植物質の肥料。微生物によって分解されてから、植物に吸収される。

葉腋(ようえき)
葉のつけ根。わき芽が発生する。

落葉樹(らくようじゅ)
(冬の)休眠期を前に、いっせいに葉を落とす樹の総称。熱帯〜亜熱帯地方では、乾季を前に落葉する樹種もある。

両性花(りょうせいか)
一つの花に雌しべと雄しべがある花のこと。

50音順さくいん

PART1で紹介した樹木の名前を50音順に並べました。タイトルの樹種名は、太字で示しています。

【ア】

- アオキ……22
- アカシア……14
- アジサイ……74
- アセビ……23
- アブチロン……158
- アベリア……151
- アメリカイワナンテン……24
- アメリカアサガラ……80
- アメリカキササゲ……86
- アメリカデイゴ……138
- アメリカノウゼンカズラ……141
- アメリカリョウブ……146
- アンズ……15

【イ】

- イジュ……149
- イヌコリヤナギ……69
- イボタノキ……77

【ウ】

- ウキツリボク……158
- ウグイスカグラ……133
- ウスギモクセイ……165
- ウツギ……78
- ウメ……15
- ウメモドキ……124
- ウンナンオウバイ……18
- ウンナンオガタマ……81

【エ】

- エゴノキ……80
- エニシダ……127
- エリカ……17
- エンジェルストランペット……137
- エンジュ……128

【オ】

- オウゴンガシワ……25
- オウバイ……18
- オオデマリ……113
- オオベニウツギ……98
- オオヤマレンゲ……121
- オガタマノキ……81
- オキシデンドラム……135
- オニシバリ……45
- オリーブ……82

【カ】

- カイドウ……26
- カエデ……26
- カッシア……147
- カナメモチ……83
- ガマズミ……113
- カマツカ……84
- カラタチバナ……145
- カラタネオガタマ……81
- カリアンドラ……109
- カリステモン……118
- カリン……84
- カルーナ……17
- カルミア……29
- カレーバイン……30
- カロライナジャスミン……30

【キ】

- キササゲ……86
- キソケイ……96
- キバナフジ……89
- キブシ……31
- キミガヨラン……126
- キョウチクトウ……129
- ギョリュウ……152
- ギョリュウバイ……87
- キリ……88
- キンギンボク……133
- キングサリ……89
- ギンバイカ……31
- キンモクセイ……164
- ギンモクセイ……164
- キンロバイ……130
- ギンロバイ……130

【ク】

- クサギ……131
- クサボケ……64
- クチナシ……90
- クラブアップル……72
- グレビレア・ジョンエヴァンス……153
- クレマチス……153
- クロウェア……154
- クロガネモチ……124
- クロキ……54
- クロバナロウバイ……21
- クロミノサワフタギ……54

【ケ】

- ゲンペイクサギ……131

【コ】

- ゴードニア……149
- コデマリ……32
- コトネアスター……91
- コニファー……34
- コバノズイナ……92
- コバノセンナ……147
- コブシ……120
- コムラサキ……123
- ゴモジュ……113
- コルクウィッチア……35
- コンロンカ……92

【サ】

- ザイフリボク……36
- サクラ……37
- ザクロ……93
- サザンカ……147
- サザンクロス……154
- サツキ……156
- サルスベリ……132
- サワフタギ……54
- サンゴシトウ……138
- サンゴジュ……113
- サンゴミズキ……122
- サンシュユ……40

【シ】

- シキミ……41
- シコンノボタン……142
- シジミバナ……33
- シデコブシ……120
- シモツケ……33
- ジャカランダ……94
- シャクナゲ……94
- ジャスミン……96
- シャリンバイ……42
- ジューンベリー……36
- ショウキウツギ……35
- シロヤマブキ……43
- ジンチョウゲ……44

【ス】

- スイカズラ……133
- スイフヨウ……144
- スモークツリー……97
- スモモ……15

【セ】

- セアノサス……46
- セイヨウカンボク……114
- セイヨウサンザシ……47
- セイヨウシャクナゲ……94
- セイヨウスズランノキ……135
- セイヨウニンジンボク……136
- セイヨウヒイラギ……48
- センリョウ……145

【ソ】

- ソヨゴ……124
- ソラナム……155

【タ】

- タイサンボク……120
- ダチュラ……137
- タニウツギ……98
- タニワタリノキ……137

【チ】
チャノキ　　　　　149
チャンチン　　　　100
チユウキンレン　　101
チョイシア・テルナータ　49
チョウジガマズミ　114

【ツ】
ツキヌキニンドウ　134
ツツジ　　　　　　156
ツバキ　　　　　　147
ツリガネカズラ　　30
ツルウメモドキ　　101
ツルハナナス　　　155

【テ】
テイカカズラ　　　102
テイコ　　　　　　138
デイゴ　　　　　　138
デュランタ　　　　157

【ト】
ドウダンツツジ　　49
トウネズミモチ　　77
トキワマンサク　　20
トケイソウ　　　　139
トサミズキ　　　　62
トチノキ　　　　　103
トベラ　　　　　　51

【ナ】
ナツツバキ　　　　104
ナツボウズ　　　　45
ナツロウバイ　　　21
ナナカマド　　　　105
ナニワズ　　　　　45
ナンキンハゼ　　　168
ナンテン　　　　　106

【ニ】
ニオイガマズミ　　114
ニオイシュロラン　107
ニオイバンマツリ　140
ニシキギ　　　　　108
ニセアカシア　　　111
ニューサイラン　　107
ニワウメ　　　　　51
ニワザクラ　　　　51
ニワトコ　　　　　53
ニワナナカマド　　105
ニンジンボク　　　136

【ネ】
ネズミモチ　　　　77
ネムノキ　　　　　109

【ノ】
ノウゼンカズラ　　140
ノボタン　　　　　142

【ハ】
バイカウツギ　　　110
ハイノキ　　　　　54
ハイビスカス　　　158
ハギ　　　　　　　150
ハクウンボク　　　80
ハクサンボク　　　114
ハクチョウゲ　　　111
ハコネウツギ　　　98
ハゴロモジャスミン　96
パッションフルーツ　139
ハナカイドウ　　　26
ハナキササゲ　　　86
ハナズオウ　　　　55
ハナナシ　　　　　56
ハナミズキ　　　　57
ハナモモ　　　　　59
ハマゴウ　　　　　136
ハマボウ　　　　　158
バラ　　　　　　　159
ハリエンジュ　　　111
ハンカチノキ　　　60

【ヒ】
ヒイラギ　　　　　165
ヒイラギナンテン　61
ヒイラギモクセイ　165
ヒイラギモチ　　　48
ヒトツバタゴ　　　112
ビバーナム　　　　113
ヒペリカム　　　　116
ヒメシャラ　　　　104
ヒュウガミズキ　　62
ピラカンサ　　　　117

【フ】
ブーゲンビリア　　162
ブーゲンビレア　　162
フォザギラ　　　　19
フォッサギラ　　　19
フクシア　　　　　163
フジ　　　　　　　63
ブッドレア　　　　143
フヨウ　　　　　　144
ブラシノキ　　　　118
フランクリニア　　149
ブルーベリー　　　119
プルンバーゴ　　　168

【ヘ】
ベニウツギ　　　　98
ベニカナメ　　　　83

【ホ】
ホクシア　　　　　163
ボケ　　　　　　　64
ボタン　　　　　　65
ボタンクサギ　　　131
ホンコンドウダン　50

【マ】
マートル　　　　　31
マグノリア　　　　120
マサキ　　　　　　108
マメナシ　　　　　56
マユミ　　　　　　108
マルメロ　　　　　84
マンサク　　　　　19
マンリョウ　　　　145

【ミ】
ミケリア　　　　　121
ミズキ　　　　　　122
ミツバハマゴウ　　136
ミツマタ　　　　　45
ミヤマシキミ　　　66

【ム】
ムクゲ　　　　　　144
ムラサキシキブ　　123
ムレスズメ　　　　67

【メ】
メガネヤナギ　　　69
メギ　　　　　　　68

【モ】
モクセイ　　　　　164
モクレン　　　　　121
モチノキ　　　　　124
モミジ　　　　　　26

【ヤ】
ヤツデ　　　　　　168
ヤナギ　　　　　　69
ヤブコウジ　　　　145
ヤブデマリ　　　　115
ヤマブキ　　　　　125
ヤマボウシ　　　　57

【ユ】
ユキヤナギ　　　　33
ユスラウメ　　　　51
ユッカ　　　　　　126
ユリノキ　　　　　121

【ラ】
ライラック　　　　70
ラベンダー　　　　166
ランタナ　　　　　167

【リ】
リキュウバイ　　　71
リョウブ　　　　　146
リンゴ　　　　　　72

【ル】
ルリマツリ　　　　168
ルリヤナギ　　　　155

【レ】
レンギョウ　　　　73

【ロ】
ロウバイ　　　　　20
ローズマリー　　　166
ロドレイア・ヘンリー　20
ロニセラ　　　　　133

小林 隆行（こばやし たかゆき） Takayuki Kobayashi

株式会社小林ナーセリー代表取締役社長。
1966年生まれ。ネブラスカ州立大学園芸学科を卒業後、1993年に就農して、2008年、社長に就任。生産は農事組合法人安行グリーン理事の父親と理事の弟に任せ、自身は日本国内の植物に対する知識や豊富な海外経験を生かし、新たな植物を導入しながら販売力と生産の強化に取り組んでいる。海外との取引も盛んで、イタリア、ドイツ、ベルギー、アメリカ、韓国に植木を輸出している。著書に『園芸図鑑 家庭果樹─庭・ベランダ・鉢植えで楽しむ70種類』（共著、柏書房）、『失敗しない！ 必ず実がなる 果樹の育て方』（日本文芸社）がある。
農事組合法人安行グリーン理事、日本植物パテント株式会社取締役、一般社団法人日本植木協会新樹種部会副部会長。

総合園芸卸　株式会社 小林ナーセリー
〒334-0059　埼玉県川口市安行944
HP「ベリーガーデン」でブルーベリーをはじめとする果樹苗の通信販売を行っている。
「ブルーベリー 通販 ベリーガーデン」　URL http://www.kbnc.co.jp

staff

カバー装丁	釜内由紀江（GRiD）
写真撮影	天野憲仁（日本文芸社）、永井淳一
本文イラスト	岡田真一、HOP BOX
取材協力（50音順）	株式会社 改良園 卸部
	株式会社 小林ナーセリー
	国際バラとガーデニングショウ
	埼玉県農林総合研究センター
	東京都農林総合研究センター
執筆協力	高柳良夫
	中山草司
	森田裕子（Office Wani）
編集協力	和田士朗（株式会社 文研ユニオン）
参考資料	『新樹種ガイドブック』（財建設物価調査会）
	『プロが教える庭づくりと庭木の育て方』（日本文芸社）
	『より簡単で確実にふやせる さし木・つぎ木・とり木』（日本文芸社）

彩りを楽しむ
はじめての庭木・花木

2013年2月25日　第1刷発行
2015年4月1日　第2刷発行

著　者　小林 隆行（こばやしたかゆき）
発行者　中村　誠
印刷所　図書印刷株式会社
製本所　図書印刷株式会社
発行所　株式会社 日本文芸社
　　　　〒101-8407　東京都千代田区神田神保町1-7
　　　　TEL:03-3294-8931（営業）　03-3294-8920（編集）

Printed in Japan 112130201-112150226Ⓝ02
ISBN 978-4-537-21092-7
URL http://www.nihonbungeisha.co.jp/
©Takayuki Kobayashi 2013

編集担当　吉村

乱丁・落丁本などの不良品がありましたら、小社製作部宛にお送りください。送料小社負担にておとりかえいたします。
法律で認められた場合を除いて、本書からの複写・転載（電子化を含む）は禁じられています。また、代行業者等の第三者による電子データ化および電子書籍化は、いかなる場合も認められていません。